머리에 새기고 마음에 남기는
울게 되는 한국사

머리에 새기고 마음에 남기는

울게 되는 한국사

근현대편

김재원 지음

프롤로그

어떠한 순간에도 포기하지 않고 살아간 사람들의 이야기

한국사를 통틀어 가장 슬픈 순간은 언제일까? 일제에 국권이 침탈된 날? 하나였던 나라가 둘로 분단된 순간? 혹은 익히 아는 위인들의 가슴 아픈 인생 속 한순간을 꼽을 수 있을까? 답을 찾지 못하고 헤매다, 덤덤하게 우리의 역사를 되돌아봤다.

약 430년 전, 임진왜란이라는 거대한 파도를 맞이했던 조선은 전쟁이 끝난 지 채 40년도 되지 않아 병자호란의 치욕을 겪었다. 그리고 30년이 지나자 유례없는 대기근이 들어 수십만 명이 아사하는 지경에 이르렀다.

희한한 것은 이런 일을 겪고도 나라가 망하지 않았다는 것이다. 더 정확히 말해 백성들은 이 모든 과정을 견디고 이겨냈다. 이후 세도정치로 나라 꼴이 엉망일 때도, 권세가들이 말도 안 되는 명목으로 재산을 수탈해 갈 때도, 백성들은 끝내 자기 삶을 살았다. 어떻게든 살아보려고 땅을 개간하며 농사를 지었고, 어떨 때는 참지 못해 나라님을 향해 살려달라며 죽창을 들었다.

그야말로 이상한 나라의 이상한 사람들이다. 당장이라도 망할 것 같던 나라가 다시 새로운 역사를 이어갔으니 말이다. 그 시절 조선인들의 삶은 눈물 나는 생존기가 아닐 수 없었는데, 영화로 만든다면 너무 극적이어서 거짓말처럼 느껴질 정도다.

그럼 고난을 이겨낸 조선인의 후손들은 더 나은 삶을 살았을까? 안타깝게도 전쟁과 기근 속에서 죽지 못해 살아야 했던 조선인들처럼, 암울하고 찢어질 듯 가슴 아픈 삶을 살아야 했던 이들이 바로 조선인들의 자식 세대였다. 그들이 바로 불과 100여 년 전에 태어난 우리네 할아버지와 할머니 혹은 증조부모 세대다. 지금의 '한국인'이라는 정체성이 만들어진 시점도 바로 이때다. 즉, 눈물 나는 역사 속에서 함께 어려움을 극복한 동지애의 결과로 '우리'라는 공동체성이 만들어진 것이다.

그러나 아직 고난은 끝나지 않았다. 나라를 되찾은 이후, 밖으로부터 시작된 고난은 내부의 갈등으로 이어졌다. 한때 함께 고통을 나누던 동지는 이념이라는 잣대로 나누어졌고, 나누어진 서로는 손가락질을 넘어 총부리를 겨눴다. 식민 지배의 치욕을 가까스로 넘겼지만, 다시 냉전이라는 또 다른 고통을 겪어야 했던 것이다.

숱한 고난을 이겨낸 나라가 다시 무너져 내리는 시절을 써 내려가는 일은 그 자체로 고통이었다. 그러나 희망이 없던 시점에서조차, 더 나은 나라를 만들기 위해 새로운 역사를 쓰고자 했던 이들을 마주하는 경험은 동시에 감동이기도 했다. 눈물이란 슬픔을 통해서만 얻어지는 것이 아님을 깨닫는 순간이었다.

이 책《울게 되는 한국사》는 우리가 숱하게 경험했던 고난과 극복의 역사를 반추한다. 그러면서 지금 우리가 처한 위기와 갈등을 어떻게 바라보고, 극복해야 할지에 대한 작은 해답이라도 구하는 마음에서 썼다.

우리네 역사는 고단했다. 하지만 조금씩 나아졌다. 희망의 순간에 다시 비극의 시간을 대비해야 하는 것처럼, 위기의 순간에 과거를 돌아보며 희망의 단서를 찾는 일도 필요하지 않을까? 그래야 어떠한 순간에도 포기하지 않고, 나아갈 수 있을 테니까. 또 역사란 특정 지도자나 영웅이 아닌, 평범한 우리의 삶과 선택이 모여 함께 만들어 나가는 것일 테니까.

300페이지가 채 되지 않는 책 한 권이 완성되려면 수십, 수백 명 연구자의 연구 성과에 기대야 한다. 연구자들이 세상을 향해 논문을 발간하는 중요한 이유 중 하나는 바로 나와 같은 저잣거리 지식중개상이 대중에게 역사를 제대로 알리기를 바라는 마음도 포함될 것이다. 그렇기에 이 책은 한국 근현대사 연구자들이 수십 년간 연구해 온 논문을 대중의 언어로 해석한 번역서이자, 역사학계 전체에 빚을 진 책이라는 점을 밝힌다.

목차

2장 현대사 아직 현재 진행 중인 냉전의 시대

1장

급격한 변화 속으로
빨려 들어가다

근대사

근대사 연표

1876년: 강화도 조약

강화도에서 조선과 일본이 체결한 조약. 일본의 군사력을 동원한 강압에 의해 체결된 불평등 조약으로 공식 명칭은 조일수호조규이며, 병자수호조약이라고도 함.

1884년: 갑신정변

급진 개화파가 청나라로부터의 독립과 조선의 개화를 목표로 일으킨 정변.

1894년: 동학 농민 운동

동학(현 천도교의 전신) 세력이 주축이 되어 일으킨 대규모 민란으로, 동학 농민 운동, 동학 농민 전쟁, 갑오 농민 전쟁, 동학란(東學亂)이라고도 함.

1895년: 을미사변

일본 공사 미우라 고로가 주동이 되어 명성황후를 시해하고 일본 세력 강화를 획책한 정변.

1896년: 아관파천

고종과 측근 인사들의 요청에 러시아 공사가 동의하여 고종과 왕세자가 비밀리에 러시아 공사관으로 거처를 옮긴 사건.

1907년: 헤이그 특사 파견

을사조약이 일본에 의해 강제로 체결된 것임을 알리기 위해 이준 등이 네덜란드 헤이그 만국 평화 회의에 참가하여 폭로하려고 한 사건.

1870 | 1880 | 1890 | 1900

1920년:
봉오동 전투

한국 독립군 연합 부대가 일본군에 승리한 전투.

1920년:
청산리 전투

김좌진 · 나중소 · 이범석이 지휘하는 북로군정서와 홍범도가 이끄는 대한독립군 등을 주력으로 한 독립군 부대가 간도에 출병한 일본군을 청산리 일대에서 10여 회의 전투 끝에 대파한 전투.

1931년:
배화 폭동

만주 만보산 부근에서 중국인 농민과 조선 농민 사이에 벌어진 충돌 사건이 연이어 선동적인 기사로 사건이 보도되면서 국내에 거주하는 중국인 습격 학살이라는 엄청난 참극으로 자행된 사건.

1932년:
이봉창 의거

이봉창 의사가 일본 히로히토 일왕을 죽이려고 폭탄을 투척한 사건.

1945년:
8.15 광복

히로히토 일왕이 라디오를 통해 태평양 전쟁에서 항복을 선언하며 식민지 조선이 일본의 통치에서 해방된 사건.

1910 1920 1930 1940

1923년:
간토 대학살

일본 간토 대지진 때 일본 관헌과 민간인들이 한국인을 학살한 사건.

1932년:
윤봉길 의거

한인애국단원 윤봉길이 상해 홍커우 공원에서 열린 일왕의 생일 축하 기념식장에서 폭탄을 던진 일.

1937~1938년:
일제 강제 징용

일본 제국주의가 노동력 보충을 위해 조선인을 강제로 노동에 동원하고, 종사하게 한 일.

《울게 되는 한국사》는 근대 이후의 한반도 이야기로 시작한다. 사실 '근대'라는 말은 대단히 논쟁적인 말이다. 학계에서 근대의 시작점에 관한 논의는 여전히 대립이 첨예할 만큼, 논란이 많은 주제이기 때문이다.

한국사를 공부할 때 고대에서 중세로, 중세에서 근대로의 이행이 언제, 어떤 방식으로 이루어졌는지 아는 것은 사회의 발전 방향을 이해하는 데 매우 중요하다. 특히 한국은 식민 지배를 겪는 과정에서 근대로 이행했기에 더욱 그렇다.

조선을 식민 지배해야 했던 일본 제국주의의 학자들에게 조선이라는 나라는 스스로 근대로 나아갈 수 없는 미개한 존재여야 했다. 반면 해방 이후 한국의 역사학자들은 이를 극복하기 위해 끊임없이 조선 스스로 근대로 나아가고 있었음을 증명해야 했다.

그럼 대체 한국은 언제 근대라는 시대로 접어들었을까? 여전히 논쟁 중이지만, 적어도 근현대사를 연구하는 학자들은 그 기점을 개항 전후로 인식하고 있다. 개항은 내부적으로 성장하던 조선의 발전 방향성에 큰 변화구를 던진 외부적 충격이었고, 개항으로 인해 조선 사회 전체는 송두리째 변화했다. 그렇기에 1876년 개항부터 일제 강점기 이전까지의 시기를 흔히 '개항기'라고 부른다. 이 책은 이러한 학계의 연구 성과를 바탕으로 강화도 조약, 더 정확히는 조일수호조규가 체결되는 과정을 근대사의 시작점으로 선택했다.

조일수호조규는 단순히 일본의 수탈이 시작됐음을 의미하지 않는다. 조선이라는 나라가 더 이상 고고하게 홀로 서 있을 수 없음을, 더불어 급격한 세계정세의 변화에 빨려 들어갔음을 의미한다.

그렇기에 개항 전후의 사정에 대해 충분히 이해하기 위해서는 한반도에 국한된 이해가 아닌 동아시아 정세, 더 나아가 세계정세 안에서 조선을 바라봐야 한다. 글의 초반부가 조금 복잡하고 어려워 보여도 인내심을 가지고 반드시 읽어야 할 이유다.

1장에서는 개항 이후 조선이 안팎으로 어떤 변화를 맞았고, 어떤 과정을 통해 우리가 이미 알고 있는 결말을 맞이했는지에 대해 설명했다. 이 과정에서 우리가 꼭 가져야 할 태도가 있다면 바로 결과론적 해석에 대한 의심이다.

사실 모든 역사책의 한계란, 역사 그 자체가 스포일러라는 점이다. 우리는 이미 이 책에서 이야기할 사건들의 결론을 알고 있다. 결국 조선은 망했고, 일제에 의해 식민 지배를 겪었으며, 해방을 맞았다. 그러나 우리가 관심을 가져야 할 것은 '결말' 보다는 '과정'이다.

개항 이후 우리의 역사는 식민지가 될 운명을 향해서만 전개되지 않았다. 다양한 가능성이 열려 있었지만, 끝내 우리가 맞이한 결과가 식민 지배였을 따름이다. 마찬가지로 식민 지배를 겪은 모든 조선인이 같은 운명을 가지고 있지도 않았고, 각자 처한 환경도 달랐으며, 각자가 선택한 인생의 길도 달랐다. 그리고 그것이 모두 모여 역사가 되었다.

이 책은 여러 가능성이 열려 있던 다양한 개인들의 서사에 집중했다. 모든 것을 책임져야 했던 군주에서부터 독립운동을 해야만 했던 이들, 이유 없이 죽어야 했던 이름 없는 이들의 인생까지 말이다.

저물어 가는 조선과 일본의 야망

강화도 조약으로 일본에 문을 연 조선은 곧 다른 열강들과도 관계를 맺어야 했다. 문제는 조선과 일본의 관계를 주의 깊게 지켜봐 온 존재가 있었다는 사실이다. 곧, 조선과 일본 그리고 아주 오래전부터 이들과 관계를 맺어온 한 나라 사이에 삼각관계가 형성된다. 그렇게 동아시아 각국의 '관계 맺음'이 새로운 역사 속에서 다시 쓰이려 하고 있었다.

홍선 대원군의 조선은 저물어가고 있었다. 같은 시기 청나라는 영국이 뿌려댄 아편 더미에 깔려 영토까지 빼앗겼고, 일본은 미국의 흑선(일본에 개항을 요구하기 위해 미국이 보낸 함선)이 쏘아올린 함포에 무릎을 꿇었다. 동아시아 정세가 근본적으로 변화하던 찰나, 미국과 프랑스 군함 앞에서 대문을 걸어 잠그고 통상 수교를 거부하던 조선도 이 변화를 완전히 무시하기는 어려웠다.

1873년 마침 성년이 된 고종은 명성황후와 함께 친정(親政, 임금이 직접 나라의 정사를 돌봄)을 시작했고, 홍선 대원군은 실각한다. 권력을 장악한 명성황후 중심의 민씨 척족은 흥선 대원군 집권 시기에 추진되던 모든 정책을 뒤집어놓는다. 서원은 복구됐고, 가장 문제였던 경복궁 중건 등의 대규모 토목 공사도 중지시키며 민심을 안정시키려 했다.

하지만 이 모든 것은 변화하는 세상에 대한 분석 없이 제대로 된 대안을 마련하지 못한 채 추진한 반反대원군 정책이었을 뿐이었다. 확실한 철학과 방향을 세워도 시원찮았을 상황에서 추진된 정책들은 오히려 나라의 혼란만 부추겼다. 곳간은 말라갔고 재정을 채우기 위해 민씨 척족이 선택한 방식은 매관매직이었다.

이렇듯 무엇 하나 달라질 것 없는 암울한 상황에서 거대한 폭풍이 몰려왔다. '개항'이라는 국제적인 문제를 포함한 초강력 폭풍으로, 이 폭풍은 바다 건너 일본으로부터 몰려오기 시작했다.

변화를 두려움으로 받아들인 일본의 선택

동아시아에서 변화의 파도를 가장 먼저 정면으로 맞아야 했던 나라는 청나라였다. 그리고 그 변화를 몰고 온 것은 영국이었다. 청나라는 당시 유럽 열강이 추구하던 자유 무역이 아닌 제한된 무역 체제(광둥성 한 곳만 열고, 그중에서도 지극히 한정적으로 허가된 상인[공행]에 한해서만 무역을 허가하는 것)를 고수하고 있었다. 폐쇄적인 무역 환경에서 이득을 보는 것은 영국 상인이 아닌 청나라의 공행이었다. 이에 영국은 자유 무역이 침해된다는 명목으로 청나라를 공격하면서 제1차 아편 전쟁을 일으킨다. 당시 청나라에 비해 압도적인 화력을 지녔던 영국은 청나라에 가볍게 승리를 거두고, 난징 조약을 체결한다. 동아시아가 유럽 열강과 맺은 첫 번째 불평등 조약이었다.

이후 청나라는 상하이를 포함한 다섯 개 항구를 개항했고, 홍콩은 영국에 할양된다. 개항된 항구에서는 스스로 관세를 매길 수 없었고, 영국인들은 청나라의 법을 따를 필요도 없었다. 그러나 안타깝게도 청나라는 이 시기까지도 변화에 무감각한 채 스스로 무너지고 있음을 깨닫지 못했다.

한편 일본은 아편 전쟁에서 청나라가 패배했다는 소식을 듣고 엄청난 충격에 빠진다. 청나라가 어떤 나라인가. 수천 년을 동아시아의 중심이던 나라가 아니었던가. 문제는 각국의 아편 전쟁에 대한 해석 차이였다. 이를 청나라의 몰락으로 바라보느냐 혹은 거대한 중국 끄트머리 지방에서 벌어진 분란 정도로 바라보느냐의 차이가 일본과 청나라 그리고 조선의 역사를 갈라놓았다고 해도 과언이 아니다.

일본도 처음에는 동아시아의 다른 나라들과 다르지 않았다. 막부(1192~1868년까지 일본을 통치한 쇼군의 정부)는 열강의 계속된 통상 요구를 거절했다. 하지만 1853년 6월, 네 척의 흑선이 도쿄 앞바다의 작은 항구(우라가항)에 정박하면서 분위기가 급변한다.

사실 에도 막부는 이미 무너지고 있었다. 농민들은 과도한 세금으로 유랑하기 시작했고, 하급 무사들은 생존의 위협을 느낄 만큼 생활고에 시달리고 있었다.

1853년 우라가항에 정박한 미국 흑선

나라가 망해갈 징조가 연쇄적으로 나타나자 막부는 과감히 선택해야 했다. 변화를 거부하고 쇄국을 이어갈 것인가, 변화를 기회로 잡을 것인가. 그리고 우여곡절 끝에 결국 개항을 선택한다.

이때 개항이라는 작은 변화를 적극적으로 이용하려던 세력이 일본 역사 전면에 등장한다. 바로 늘 에도 막부에서 소외돼 왔던 사쓰마(가고시마현), 조슈(야마구치현), 도사(시코쿠 남부 고치현) 지역의 하급 무사들이었다. 이들이 적극적으로 목소리를 내기로 결심한 것은 사실 열강의 힘을 직접 깨달았기 때문이다.

미국에 의해 개항을 강요받은 이후에도 일본은 다른 열강과의 외교에 인색했다. 그러던 중 사쓰마 번(藩, 제후가 통치하는 영지)과 영국이 전투를 벌였고, 영국의 강력한 화력에 사쓰마 번이 무기력하게 패배한다. 조슈 번 역시 영국·미국·프랑스·네덜란드 4개국 연합 함대와 전투를 벌이다 완벽한 패배를 경험한다.

실전을 경험한 하급 무사들의 머릿속에는 '열강과의 전쟁은 곧 멸망'이라는 공식이 자리 잡는다. 이들은 열강의 무기와 배를 사들이며 변화에 인색했던 막부와 전쟁을 시작했고, 위기에 몰린 막부는 1866년 프랑스의 도움으로 개혁을 실시했지만 상황은 기울어진 상태였다. 그렇게 1868년 사쓰마·조슈·도사 번의 하급 무사들은 막부 타도를 외치며 왕정복고(천황 중심의 군주제로 다시 돌아가는 것)를 단행한다. 이는 곧 메이지 유신(19세기 후반 일본의 메이지 천황 때, 에도 막부를 무너뜨리고 중앙 집권 통일 국가를 이루어 일본 자본주의 형성의 기점이 된 변혁의 과정)의 시작이었다.

이제 조선은 일본의 '아래'다

일본에서는 메이지 유신으로 천황 중심의 중앙 집권적 개혁이 시작됐다. 지방의 번 체제는 폐지됐고, 군제를 개혁하며 징병제를 선포했다. 막부 체제 아래 나름의 특권을 지녔던 다이묘(무사 계급으로 그 지방의 행정권, 사법권, 징세권을 가졌으며 군사 사무도 관할했던 봉건 영주)를 비롯한 지방의 토호들은 급격히 추진된 개혁의 피해자가 되는 모양새였다. 메이지 정부는 이를 타개할 묘책이 필요했고, 그 대안이 바로 '정한론(1870년대 전후 일본의 조선 침략론)'이었다.

생각해 보면 그리 낯선 풍경도 아니다. 일본이 조선을 넘어 대륙을 넘본 것이 어디 한두 번이었나. 조선은 이미 같은 방식으로 한 차례의 거대한 풍파(임진왜란)를 겪은 바 있었다. 새로운 출발을 열어젖힌 일본은 이번에도 내부의 분란에 몰린 시선을 밖으로 돌리려 했다.

한편 메이지 유신을 성공적으로 이끈 일본의 신정부는 1868년 1월, 자국의 외교권을 장악한다. 그리고 일본 주재 각국 외교 공관에 이를 알리고, 조선에는 대마도 번주를 통해 일본 천황이 외교 서열에서 조선 국왕 위에 있음을 전달하라고 요구한다.

1868년 12월 19일, 일본의 사절단은 "메이지 유신으로 왕정이 복고"됐음을 알리는 서계(書契, 조선과 일본 사이에 주고받았던 공식 외교 문서)를 부산 왜관(조선 시대에 입국한 왜인들이 머물면서 외교적인 업무나 무역을 행하던 관)에 들여온다.

하지만 서계를 받아든 왜관의 관료들은 당황한다. 서계에는 조선에서 대마도 번주에게 준 도장을 찍는 것이 관례였는데, 새로운 도장이 찍혀 있던 것이다. 더 심각한 문제는 따로 있었다. 기존의 서계와는 전혀 다른, 조선이 일본 '아래'에 있음을 인정하는 표현이 가득했다. 흥선 대원군은 끝내 일본 측의 서계를 접수하지 않는다.

하지만 일본은 집요했다. 꼭 정한론이라는 침략적 사상 때문이 아니더라도, 새롭게 시작된 메이지 정부와 조선의 관계는 대단히 중요했다. 왕정이 다시 섰고 새로운 정부가 조직됐는데, 이웃 국가에서조차 인정받지 못한다면 얼마나 창피한 일이겠는가. 심지어 메이지 유신에 반기를 드는 지방 세력까지 속속 등장하고 있었다. 또 일본은 자국의 상품을 팔아먹을 시장도 필요했다. 메이지 정부는 다양한 이유에서 어떻게든 조선과 공식적인 외교 관계를 맺어야 했다.

그러나 조선의 입장에서 지금의 일본은 '양이(洋夷, 서양 오랑캐)'와 관계를 맺은 야만국일 뿐이었다. 이때 일본이 문제를 해결하기 위해 선택한 방법이 정한론을 외교적으로 사용하는 것, 바로 무력 사용이었다. 1869년 6월, 메이지 정부는 쓰시마 도주의 조선과의 외교권을 회수하고 1872년 1월, 일본 사절단이 동래에서 철수하며 부산 왜관을 일방적으로 폐기한다. 얼마 뒤인 1872년 9월, 일본 외무성 외무대상 하나부사는 왜관에 침입해 일시적으로 점령하고, 왜관의 명칭을 '대일본국 공관'으로 변경한다(왜관 점령 사건). 그렇게 조선과 일본의 국교는 정식으로 단절된다.

부산으로 들어온 낯선 일본의 배

극단으로 치닫는 것 같았던 조선과 일본은 1873년 9월, 조선 조정의 요청으로 다시 교섭을 준비한다. 이때 통상 수교를 거부하던 흥선대원군이 실각하는데, 일본은 이를 조선 개항의 기회로 여긴다.

한편 일본은 대만으로의 출병을 앞두고 있었다. 일본이 대만에 군을 이끌고 간다는 소식에 조선 조정은 요동쳤다. '감히 일본이 청나라에 대적하다니….' 이전의 청일 관계에서는 상상하기 어려운 일이었다. 바로 이때, 일본은 조선의 혼란스러운 심경을 간파한다. 조선의 작은 동요는 양자 간의 기 싸움에서 일본이 우위에 섰음을 알리는 결정적 한 방이었다. 이후 일본은 더 큰 요구를 할 수 있다는 판단에 강경한 모습을 보였고, 교섭은 다시 교착 상태에 빠진다.

이때 일본에서는 조선에 대한 '포함 외교(砲艦外交, 강대국이 함대의 무력을 배경으로 전개하는 외교 정책)'를 주장하는 건의서가 메이지 정부에 제출된다. 메이지 정부는 건의안을 받아들이고 해군성과 협의해 조선으로의 군함 파견을 결의한다.

1875년 5월, 일본은 운요호를 비롯해 제이정묘호를 부산에 파견한다. 조선은 즉각 반발하며 군함 파견의 이유를 일본에 따져 물었다. 일본은 "계속 교섭이 지연되기에 어찌 된 일인지 물어보러 왔다"라며 조선에 거짓 보고를 한다. 거기에 더해 "온 김에 조선의 해로도

1875년 부산에 기습 출몰한 운요호

함께 연구해 보려 한다"라며 조선 연안을 탐측하기 시작했다. 일본은 마치 조롱이라도 하듯 조선인 관리들을 운요호에 승선시켜 함포에서 발포하는 모습을 관람시키기도 했다. '우리 힘이 이 정도'라는 것을 직접 보여주려는 의도였다.

이후 운요호는 동해를 거쳐 남해를 탐측했고, 연안을 돌며 시위하다가 1875년 9월 20일 드디어 강화도 인근 난지도에 정박해 '담수 보급'을 핑계로 강화도의 초지진에 침입했다. 당황한 초지진의 수비병들은 일본군에 포격을 가했고, 운요호는 초지진을 향해 보복 포격과 함께 상륙 작전을 펼쳤다. 이어서 일본군에 의한 잔인한 살육과 약탈이 이어졌다.

놀라운 것은 일본이 이 사건의 책임을 조선에 물었다는 것이다. "국기를 게양한 군함에 사격한 것은 주권 침해"라는 주장이었다. 일본은 국제법을 들먹이며 조선을 향해 문명이 없는 '야만국'이라 비하하기 시작했다. 조선의 눈에 중화 질서 밖 야만국에 불과했던 일본이 근대적 국제 질서에 편입된 문명국으로 탈바꿈한 순간이었다.

처음부터 치밀하게 계산된 일본의 큰 그림

흔히 '운요호 사건'이라 불리는 이 난리는 애초에 치밀하게 계산된 침략이었다. 사실 일본은 이미 사건 이전에 일본 측 공사를 청나라에 파견해 조선 문제에 대한 협상을 끝낸 상태였다. 두 나라 사이에 합의된 내용은 두 가지였다. 첫째, 조선은 청의 속국임을 명확히 할 것. 둘째, 조선의 내정과 외교는 자주에 맡길 것이 그것이었다. 청나라가 "일본이 조선을 침공하는 게 아니라면 우리도 군사적 개입은 안 하겠다"라는 뜻을 일본에 전달한 것이다.

조선은 변화된 주변 나라들의 분위기에 잔뜩 위축돼 일본과의 교섭을 시작했다. 조선과 일본은 강화도를 회담 장소로 결정했으나, 일본은 애초에 회담을 평화적으로 끌고 갈 생각이 없었다. 1876년 2월 9일, 일본은 강화도 앞바다에서 위협 발포를 이어갔다. 400여 명의 군을 강화도 상륙시킨 것은 덤이었다.

조선은 즉각 반발하며 청나라에 도움을 청했지만 이미 일본과 이야기를 마친 청나라는 "자국의 일은 자국이 알아서 해야 한다"라며 강화

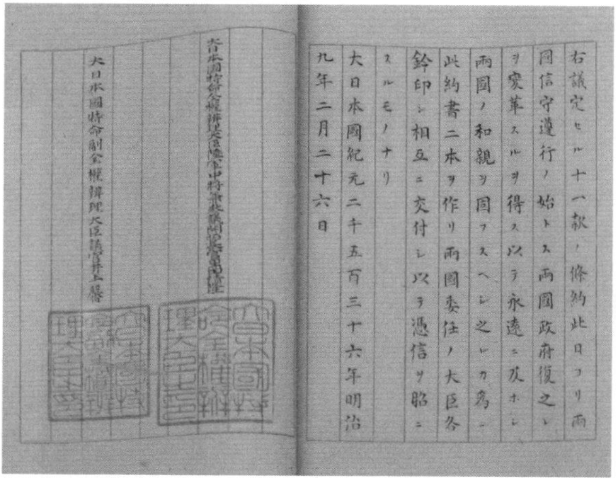
右議定セル十一款ノ條約此日ヨリ兩
國信守遵行ノ始トス兩國政府復之ヲ
變革スルヲ得ス以テ永遠ニ及ホシ
兩國ノ和親ヲ固フスヘシ之レカ爲ニ
此約書二本ヲ作リ兩國委任ノ大臣各
鈐印シ相互ニ交付シ以テ憑信ヲ昭ニ
スルモノナリ
大日本國紀元二千五百三十六年明治
九年二月二十六日

大日本國特命全權辨理大臣陸軍中將兼參議開拓長官黑田清隆

大日本國特命副全權辨理大臣議官井上馨

조일수호조규

도 문제를 대놓고 회피했다. 고립된 조선이 일본에 맞설 방법은 없었다. 결국 조선은 고종의 적극적인 개항 의사에 따라 일본에의 개국을 결정한다. 그렇게 '조일수호조규', 이른바 강화도 조약이 체결됐다.

'대일본국과 대조선국' 간의 조약이자 '대일본제국 황제 폐하와 조선 국왕 전하' 사이에 맺어진 이 조약은 그야말로 불평등했다. 또 "조선국은 자주 국가"라는 표현으로, 청나라가 껴들지 않을 것도 명확히 했다.

그뿐 아니었다. 원산과 인천의 개항으로, 부산 왜관을 넘어 동해, 서해, 남해 곳곳에 일본의 자금이 합법적으로 흘러 들어올 수 있게 됐다. 더불어 조선 연안을 언제든지 마음대로 측량할 권리를 얻었는데, 사실상 조선은 해양 주권을 잃은 것이나 다름없었다. 해양 주권의 탈취는 경제적 수탈을 넘어 군사적 침략을 염두에 둔 일본의 큰 그림이었다.

강화도 조약은 곧 '조일수호조규부록'과 '조일무역규칙'으로 보완된다. 일본은 여전히 분위기 파악을 하지 못한 조선을 농락하며 더 큰 이권을 따내려 했다. 일본 화폐가 조선에서 쓰일 수 있게 됐고, 금속으로 된 조선 화폐를 일본의 종이 화폐로 교환할 수 있었다. 더 심각한 상황은 조선의 쌀이 일본으로 수출되고, 일본의 면직물이 수입되면서부터였다. 즉, '미면 교환 체제'가 만들어지면서 일본에의 경제적 종속이 시작된다.

부산과 원산, 인천이 개방되면서 민간 차원에서도 양국 간의 교류와 접촉이 늘어났다. 하지만 서로는 그간 너무 오랜 시간 다른 세계에 살아왔다. 서로 다른 인식은 세상을 바라보는 눈을 다르게 만들었고, 변화하는 세계를 바라보는 시각도 다르게 했다. 개항된 지역을 중심으로 두 나라 사이에서는 갈등과 충돌이 연쇄적으로 발생할 수밖에 없었다.

일본에 문을 연 조선은 곧 다른 열강들과도 관계를 맺어야 했다. 문제는 조선과 일본의 관계를 주의 깊게 지켜본 존재가 있었다는 사실이다. 그렇게 동아시아의 '관계 맺음'이 새로운 역사 속에서 다시 쓰이려 하고 있었다.

일본과 청나라 사이에서 메말라가는 조선

조선은 개항이라는 거대한 변화를 맞이했지만, 연달아 밀려오는 불평등 조약들에 방향 감각을 상실하고 있었다. 물론 조선도 조금씩 변화가 필요하다는 것은 알았다. 문제는 변화의 필요성과 별개로 방향성이 없었다는 점이다. 이렇듯 철학이 부재한 변화는 다시 내부의 갈등과 분열을 부추겼다.

일본과 맺은 불평등 조약으로 인해 무장 해제된 조선은 연이어 밀려드는 조약들에 방향 감각을 상실했다. 그 내용은 둘째 치고, 조약으로 말미암아 도래할 미래 따위는 예견할 겨를이 없었다.

물론 조선도 개항과 그에 맞는 변화가 필요하다는 것 정도는 조금씩 파악하고 있었다. 일본이고, 청나라고 밖이 그렇게나 시끄러운데 어떻게 아무것도 모를 수 있겠는가. 문제는 변화의 필요성을 인식한 것과는 별개로, 변화의 방향성을 고민하지 않았다는 점이다.

바로 이때 과거의 관계에 집착하며 조선에 질척대는 나라가 있었으니, 바로 청나라였다. 고작 몇 년 전까지만 해도 동아시아, 아니 세계의 중심에 섰던 그 나라였다.

생각해 보면 전근대 동아시아에서는 모든 것이 중국 중심이었다. 중화사상(중국에서 나타난 자문화 중심주의적 사상) 혹은 화이사상으로 대표되던 동아시아적 사고는 전근대 중국과 주변 국가 사이의 외교 관계를 넘어 정치 관계를 구속했다. 조선과 청나라도 마찬가지였다. 자연스럽게 조선은 청나라의 '속방'이 되었다.

그런데 근대적 조약 체제 안에서 청나라와 조선의 관계는 당최 이해할 수 없는 것이었다. 청나라는 '속방이란 정치는 그 나라가 알아서 하지만, 중국이 관리하는 영역' 정도로 의미를 규정했다. 그러나 유럽 열강과 미국은 여전히 조선이 청나라의 속방이라는 관계를 이해하지 못했다. 바로 이 틈을 일본이 파고든다.

일본은 '속방' 즉, '속국'이라는 개념을 만국공법(국가 간 협의에 따라 권리 · 의무에 대해 규정한 국제 사회의 법. 19세기 말에 수입된 《만국공법》이라는 책에 근거함)에 근거한 실질적 종속 관계, 곧 근대적 식민지로 인식했다. 하지만 근대적 식민지라는 개념을 제대로 이해하지 못한 청나라는 여전히 조선을 '속방'이라고 여겼다.

그러던 이 시기 청나라는 제1차, 제2차 아편 전쟁의 패배와 동시에 태평천국의 난을 겪으며 국세가 급격히 기울었고, 일종의 자강 운동(경제 · 문화적 실력을 양성해 민족의 국권을 회복하고자 벌인 운동)이던 양무운동마저 실패하며 큰 위기를 겪는다. 청나라는 이를 극복하는 과정에서 조선에 집착하기 시작한다. 그리고 본격적으로 '속방'이라는 구시대적 관계 맺음을 '속국' 즉, 식민지라는 근대적 종속 관계로 변화시키기 위해 준비한다.

큰형님이라 믿었던 청나라가 오랑캐로 돌변하는 순간

냉정하게 보자면 조선은 청나라와 크게 다른 생각을 하지 않았다. 물론 누구보다 기민하게 국내외 정서를 파악하며 조선의 변화를 바라 마지않던 이들도 있었다. 하지만 적어도 조선의 조정은 수천 년간 동아시아를 잠식했던 구시대적 질서에 매몰되어 있었다.

강화도 조약으로 개항이라는 거대한 변화를 경험하던 그때, 조선에 다가온 열강은 미국이었다. 1871년, 신미양요(고종 8년에 미국 군함이 강화도 해협에 침입한 사건)로 조선의 문을 열려고 했던 미국은 흥선대원군의 강력한 통상 수교 거부로 난관에 부딪혔다. 하지만 1876년 강화도 조약으로 조선이 개항하자 1880년부터 본격적으로 협상에 나섰다. 기존의 포함 외교 정책을 폐기하고, 평화적인 방법으로 교섭을 시작했다.

1880년 5월, 미국은 일본을 통해 조선과의 통교를 시도한다. 하지만 조선은 일본의 중재에 의한 교섭은 받아들일 수 없다는 의사를 명확히 한다. 바로 이때 청나라의 이홍장이 당돌한 주장을 한다. "조선은 청나라의 속국이기 때문에 우리를 통해야 조선과 닿을 수 있다"라며 미국을 설득하려 한 것이다.

한편 청나라는 강화도 조약 체결 직후부터 조선과 새로운 관계를 맺어야 함을 깨닫고 있었다. 새로운 관계는 트렌드에 맞게 '조약 체제(국제법에 근거해 공인받은 관계)'여야 했다. 그래야 국제적으로 인정받을 수 있었다. 이 과정에서 조선을 어떻게 설득할지에 대한 여러 논의가 있었고, 그 답을 요약한 책이 바로《조선책략》이다.

핵심은 간단했다. '친親중국', '결結일본', '연聯미국' 하여 러시아를 견제하고, 더불어 조선이 안으로는 부국강병을 이룩해야 한다는 뻔한 내용이었다. 하지만《조선책략》을 받아든 조선의 군주 고종은 이 책을 기준으로 향후 정책의 방향성을 정해 버린다. 고종은 미국과의 수교를 결정하고, 청나라가 중간에서 역할해줄 것을 요청한다. 청나라에 자청해서 손을 내민 것이다.

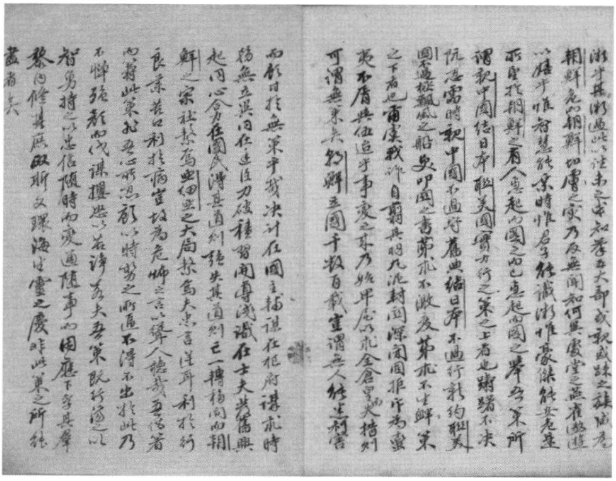

주일 청국공사관의 참사관 황준헌이 정리한《조선책략》

하지만 이 책은 그저 조선의 앞날을 걱정하던 청나라의 우려가 아니었다. 동아시아의 외교 관례를 근대적으로 뒤바꾸기 위한, 정확히는 청나라가 열강으로 발돋움하기 위한 화려한 변신을 예고한 책이었다. 큰형님이라 믿었던 청나라가 오랑캐로 돌변하는 순간이었다.

계속되는 청나라의 집착

조선과 미국의 조약 체결 과정에서 교섭의 전권을 쥐게 된 청나라의 이홍장은 조선이 청나라의 속국임을 조약에 명문화할 것을 고집했다. 그러나 미국 입장에서는 당연히 받아들일 수 없었다. 미국에 조선은 자주독립국이어야 했다. 조선을 위해서가 아니었다. 그래야 조선에서 더 많은 이권을 챙길 수 있었기 때문이다. 미국이 청나라에 기대한 역할은 그저 다리를 놔주는 것, 그 이상도 이하도 아니었다.

결국 조약에서는 "속국"이라는 문구가 빠졌지만, 조선이 미국 대통령에게 "조선은 대청의 속방"이라는 별도의 편지를 보내는 것으로 합의된다. 사실상 미국이 무시해도 좋을, 그저 허울뿐인 편지 한 장이었다.

그래서였을까? 이후로도 청나라의 조선에 대한 집착은 계속된다. 청나라는 조미조약 체결을 위해 전권대사(나라를 대표해 다른 나라에 파견되어 외교를 맡아보는 최고 직급)로 파견된 김홍집에게 청나라 군함 갑판 위에서 북경의 황제에게 '삼궤구고두례(신하 나라가 큰 나라를 만

났을 때 머리를 조아려 절하는 예법)'를 올리라고 요구한다. 거기에 더해 '조선이 속국'이라는 명분을 내세워 조미조약 체결 시에 후견인 신분으로 청나라 담당관을 입회시켜야 한다고 주장한다. 미국은 즉각 반대했고, 결국 미국과 조선 양국 간의 조약으로 체결된다. 우여곡절을 거친 뒤에야 조선이 맺은 열강과의 첫 조약인 '조미수호통상조약'이 정식으로 체결된다.

애초에 이런 간섭이 생기게 된 원인은 조선에도 있었다. 조선이 청나라에 손을 내민 순간, 사실상 양국의 전통적 관계는 틀어지게 될 수밖에 없었다. 조선이 손을 내밀었기에 청나라는 조선에서의 주도권을 장악하게 됐고, 조선에 대한 청의 외교 간섭이 본격적으로 시작됐기 때문이다.

조미수호통상조약 당시 그림

하필이면 그 시기에 조선에서 엄청난 사건이 터지는데 바로 임오군란(고종 때 구식 군대가 일으킨 병란)이었다. 이 사건으로 청나라는 "군란을 조사한다"라는 명분을 앞세워 조선에 군대를 파견하고, 조선의 외교를 넘어 내정까지 간섭하기에 이른다. 임오군란은 청나라가 조선을 식민지화하려는 야심을 키워준 결정적인 계기였다.

두 나라 사이에는 공식적인 관계 맺음이 필요했고, 그 결과물은 1882년 10월 4일 체결된 '중국조선상민수륙무역장정(조청상민수륙무역장정, 두 나라 상인의 수륙 양면에 걸친 통상에 관한 규정)'이다. 불평등의 끝판왕인 이 조약을 통해 조선 국왕의 지위는 청나라의 북양대신과 동급이 되었고, 조선이 청의 속국임이 명문화되었다. 거기에 더해 "청나라의 동의를 얻어야 외교관을 임명"할 수 있도록 규정했는데, 이는 외교권을 청나라에 위탁한 것이나 마찬가지였다. 가장 심각한 문제는 청나라 군대의 조선 주둔이 공식화된 것이었다. 사실상 이 조약으로 조선은 청나라의 보호국이 된다.

말라가는 조선, 갈라진 조선인

청나라 상인이 합법적으로 조선 내륙으로 진출하자 위기를 느낀 존재들이 있었다. 강화도 조약 이후 개항장을 중심으로 활발히 경제 활동을 이어가던 일본 상인들이었다. 특히나 한양으로까지 진출한 청나라 상인들은 조선의 이권을 하루가 다르게 챙겨가고 있었다. 하지만 눈 뜨고 당할 일본이 아니었다.

청나라와의 조약문에 잉크도 마르기 전인 1883년, 일본은 조선과 새로운 조약을 체결한다. 바로 '조일통상장정'이다. 이 조약을 통해 '최혜국 대우(한 나라가 어떤 외국에 부여하고 있는 가장 유리한 대우를 상대국에도 부여하는 일)' 조항이 새롭게 추가됐고, 이를 통해 일본 상인도 조선 내륙으로 진출할 수 있게 됐다. 조선 경제는 청나라 상인과 일본 상인의 줄다리기 속에서 뜯기고 빼앗기며 말라가고 있었다.

한편 방향성 없는 상태에서 맞이한 근대적 외교 관계의 연속은 조선 내 엘리트의 분화를 낳았다. 작금의 조선을 어떻게 바로 잡을 것인가를 두고 지식인들이 다양한 세력으로 갈라진 것이다. 변화의 소용돌이 속에서 조선의 앞날을 책임져야 했던 지식인 집단이 서로 반목했다.

가장 강력한 세력은 청나라 '만'을 천하의 상국으로 떠받드는 척화파였다. 그들에게 청나라를 향한 사대는 너무나도 온당한 질서였다. 그러나 고종의 생각은 달랐다. 최종 결정권자인 고종은 조선이 임오군란을 거쳐 조청상민수륙무역장정, 조일통상장정으로 자주성을 상실하는 동안, 대안 세력을 찾기 시작한다.

같은 시기, 청으로부터의 독립이야말로 변화의 시작이라고 믿었던 이들도 등장하기 시작했다. 강화도 조약이 체결된 이후, 조선에서도 근대 문명은 본받을 만한 것이라는 인식이 확산 중이었다. 일군의 젊은 관료들을 중심으로 일본과의 왕래를 통해 개화라는 개념이 널리 퍼졌고, 동시에 청나라의 양무운동에 영향을 받으며 우리도 조금씩 변해야 한다는 공감대가 형성되고 있었다.

그들은 특히 '부국'과 '강병'이라는 개념을 적극적으로 사용하면서, 근대 기술과 경제 제도를 빠르게 수용해야 한다고 주장했다. 어떤 의미에서 이 혼란한 변화 속에서 유일하게 살아남을 수 있는 길은 그것뿐이라고 생각했던 일군의 집단이 형성된 것이다. 이러한 주장에 감화된 지식인들은 자연스럽게 끼리끼리 모였고, 이때 조선에도 개화파가 만들어진다.

문제는 개화파들 사이에 갈등이 생기면서다. 갈등의 이유는 개화의 속도와 청나라와의 관계였다. 기존의 전통적 질서를 유지하면서 천천히 근대 문명을 수용하자는 쪽과 지금의 속도로는 살아남을 수 없으며 변화는 곧 청나라와의 관계 청산에서부터 시작되어야 한다는 쪽으로 갈라진 것이다. 전자를 흔히 '온건 개화파'라 칭하고, 후자를 '급진 개화파'라 칭한다.

그러나 임오군란과 조청상민수륙무역장정 이후 고종은 온건 개화파의 손을 들어줬고, 급진 개화파는 크게 반발한다. 김옥균 중심의 급진 개화파는 상황을 뒤집기 위해 근대화를 빠르게 성공적으로 추진하고 있던 일본에 기댄다.

급진 개화파가 보기에 고종이 선택한 개화의 방향과 속도는 조선의 자멸을 앞당길 뿐이었다. 승자만이 살아남는 잔인한 세계 속에서 저물어가는 청나라에 기댄 온건한 변화는 순진하고 낭만적인 구시대적 판단이었다. 이때 일본을 등에 업은 급진 개화파가 판을 뒤집기 위해 기획한 사건이 바로 갑신정변(김옥균, 박영효 등의 개화당이 민씨 일파를 몰아내고 혁신적인 정부를 세우기 위하여 일으킨 정변)이었다.

실패로 끝난 급진 개화파의 삼일천하

청불 전쟁(1884년에 프랑스가 베트남에 대한 종주권을 얻으려고 청나라에 대하여 일으킨 전쟁)이 발발하고, 청나라가 조선에 주둔한 군대를 일부 철수시키자 급진 개화파가 움직이기 시작했다. 우정국 연회를 기회로, 온건 개화파 세력 일부를 살해하고 궁궐에 폭탄을 던져 고종을 압박한 것이다. 정국의 주도권을 강제로 잡은 급진 개화파는 삼일천하를 맛보며 '조선의 자주권 확립', '문벌 타파', '조세 제도 개혁'을

갑신정변의 주역(왼쪽부터 박영효, 서광범, 서재필, 김옥균)

추진했다.

하지만 이들의 움직임은 너무도 급했다. 청나라는 곧 군을 다시 파견했고, 결국 급진 개화파의 대부분은 죽거나 일본으로 망명한다. 그들에게는 아직 청나라부터의 독립을 가능케 할 힘이 없었고, 무엇보다 최종 결정권자인 고종을 설득할 결정적인 한 방도 없었다.

갑신정변으로 청나라와 일본 사이에는 조선에서의 주도권을 놓고 냉랭한 분위기가 연출된다. 이권을 두고 당장 전쟁까지 벌일 수는 없었던 양국은 애매한 조약을 맺는다. 바로 조선에서 양국의 군이 즉시 철수할 것을 골자로 한 톈진 조약(1885)이었다. 하지만 이 조약의 핵심은 바로 다음의 문구였다.

"일본은 조선에 대해 청과 동일한 파병권을 갖는다."

이 문구가 일본, 청나라와 조선에 어떤 영향을 미칠지는 아직 누구도 알지 못했다.

“굶어 죽느니 싸우다 죽겠소”

신분 질서는 점점 무너졌고, 지주가 되지 못한 농민들은 소작농으로 전락했다. 농사 기술의 발달로 생산량이 늘고, 나라에 돈은 돌기 시작했는데, 조선의 지배층은 붕괴한 정치 시스템 아래서 농민들을 가혹하게 착취하며 자기 배나 불려나갔다. 이로써 그나마 돈이 돌던 조선은 곧 나라의 곳간이 말라갔고, 농민들은 배를 곪아야 했다.

조선은 16~17세기 동아시아를 휩쓸었던 두 번의 거대한 전쟁을 겪고, 사람이 사람을 잡아먹을 정도의 기근을 겪었으며, 붕당 간의 갈등으로 관료 집단이 서로를 죽이지 못해 안달이었을 때도 위기를 이겨냈다. 생각해 보면 이상한 나라다. 당장에 망해도 이상하지 않을 법한 거대한 변화들 속에서도 나라가 유지되다니 말이다.

그러나 조선은 썩어가고 있었다. 전쟁에서 제 도리를 다하지 못한 지배층에 대한 불신은 신분제의 동요로 이어졌고, 이해관계에 매몰된 붕당 질서의 왜곡과 이를 바로잡기 위해 실시한 왕권의 비대는 정치 시스템을 붕괴시켰다.

그러나 조선은 쉽게 무너지지 않았다. 아니, 정확히는 조선 구성원의 절대다수였던 농민들은 결코 무너질 수 없었다. 국운이 기울어지는 것과 무관하게 철저히 생존해 내야 했다. 이 와중에 다행히 전국에 저수지와 보가 만들어지면서 물을 다룰 줄 알게 된 농민들은 조금씩 농사 기술을 발달시켜 나갔고 이는 곧 생산량의 증가로 이어졌다.

부농은 이런 상황에서 탄생했다. 물론 양반 지주층이 다수를 점하고 있었으나, 노비 출신으로 부를 축적한 이들도 생겨났다. 신분 질서는 점점 무너졌고 지주가 되지 못한 농민들은 소작농으로 전락했다. 빈익빈 부익부가 신분의 고하를 막론하고 발생하기 시작한 것이었다.

나라에 돈은 돌게 됐지만 시스템이 붕괴한 조선 정부는 세도 정치(왕실의 근친이나 신하가 강력한 권세를 잡고 온갖 정사[政事]를 마음대로 하는 정치)의 시절을 맞으며 훨씬 더 가혹한 착취를 일삼는다. 나라의 곳간은 말라갔고 농민들은 배를 곯아야 했다.

가장 심각한 문제는 소수의 지배층이 자신들에게 쏠린 부를 바탕으로 혁신적인 변화를 추동하지 못했다는 사실이다. 부농을 넘어 지주가 된 조선의 지배층은 넘쳐나는 부를 각자의 곳간에서 썩혔다. 그들의 무능은 변화하는 세계에서 조선이 뒤처지게 된 근원적인 배경이 됐고, 농민들의 인내심은 한계점에 다다르고 있었다.

몰락한 양반과 농민이 손을 잡게 된 이유

전국은 곳곳이 비리 덩어리였다. 오랜 시간 멈춰버린 양전 사업(토지의 실제 경작 상황을 파악하기 위해 실시한 토지 측량 제도)으로 토지 소유권을 제대로 파악할 수 없었다. 이 과정에서 지주들은 부패한 관리들과 세금을 착복했고, 모자란 세금은 고스란히 농민들에게 부과됐다. 병역을 담당해야 할 인구조차 파악하지 못해 국방세의 일종인 군포가 각 마을로 할당됐고, 이마저도 농민들에게 부과된다.

문란의 끝판왕은 환곡(곡식을 사창社倉에 저장했다가 백성들에게 봄에 꾸어주고 가을에 이자를 붙여 거두던 일)이었다. 살기 위해 나라에서 돈을 빌리던 농민들은 불어나는 이자를 감당할 수 없었다. 이자가 무서워 빌리고 싶지 않아도 강제로 돈을 빌려야 하는 상황에 내몰린 이들도 있었다. 이 과정에서조차 환곡을 횡령하는 부패한 관리들이 존재했고, 곡식을 갚아야 할 농민들이 유랑에 나서면 원금과 이자가 주변 소작농들에게 전가되는 지경이었다.

살길을 잃은 소작농들은 유랑을 선택하거나 품팔이꾼으로 전락했다. 양반이라고 부의 재분배 과정에서 자유로울 수 없었다. 시대의 변화에 따르지 못한 양반들은 이른바 '잔반'이 되어 지역 사회에서 소외되고 있었다.

바로 이때 극적으로 두 존재, 그러니까 몰락한 양반과 생존의 위협에 내몰린 농민들이 손은 맞잡게 된다. 글 깨나 배운 양반들은 몰락한 농민들을 규합했다. 서로 사회적 기반이 달랐고, 그야말로 허울뿐인 양반이었지만 농민들에게 그들은 '우리를 이해해 주는 지배층'이었다.

시작된 농민 봉기와 불합리한 처리 과정

양반과 농민들은 1862년 음력 2월, 봉기했다. 시작은 진주였다. 이미 수탈에 지쳐 있던 진주 지역 농민들은 경상도 우병사 백낙신의 도를 넘는 수탈에 더 이상 분노를 참지 못했다. 봉기 초반부터 농민 시위대의 기세는 엄청났다. 머리에는 흰 수건을 두르고, 양손에 농기구를 쥔 채로 진주성 주변을 장악해 나갔다.

진주 농민들의 봉기는 주변 지역 농민들 사이에서 급속도로 퍼져 나갔다. 농민 시위대는 대열을 늘려가며 수만 명으로 불었고, 삼남 지방(경상 · 전라 · 충청)은 민란으로 들끓었다. 농민 시위대는 탐관오리들의 죄상을 고발했고, 본보기를 보이기 위해 수탈의 주범으로 지목되던 관리들을 불태워 죽이거나 때려죽였다. 시위가 커질수록 부상자는 수십 명으로 늘어났고, 지주들의 재산 피해도 늘어났다.

조선 조정은 이 문제를 방기할 수 없었다. 결국 3개월 남짓한 시간 동안 농민 시위대는 처참히 무너졌다. 10명이 효수(죄인을 목을 베어 매다는 형벌)됐고, 20명 이상이 유배 보내졌다. 반면 민란의 도화선이 됐던 탐관오리와 지주들은 상대적으로 유한 처벌을 받았을 뿐이었다.

불합리한 진주 민란의 처리 과정은 다른 지역 농민들을 자극했고,

곧 30여 곳의 농민들이 새로운 봉기를 일으켰다. 같은 해 9월 제주를 시작으로 함흥, 경기, 광주, 창원, 남해, 황주에서 민란이 일어났고, 전국은 농민들의 봉기로 가득 찼다. 이 문제를 누군가는 해결해야 했지만 조정의 그 누구도 제대로 된 해법을 내지 못했다.

그러던 1863년 12월, 철종이 허무하게 병사했다. 철종의 죽음과 고종의 즉위는 조선 정계를 뒤집은 사건이었다. 60여 년간 정계를 장악하고 국기를 문란케 했던 세도 가문이 흥선 대원군의 집권으로 기세가 꺾였기 때문이다. 농민들의 불만이 잠재워지는 것처럼 보였다.

종교를 넘어 농민들의 어려움을 구제해 준 사상, 동학

민란은 잠잠해졌지만 임오군란과 갑신정변으로 조선 조정은 흔들리고 있었다. 그사이 청나라와 일본은 한반도를 둘러싼 채 으르렁거렸다. 이 와중에 세도 가문을 대신한 명성황후 주변 세력이 그간의 통상 수교 거부 정책을 뒤집고 문호를 열었지만, 혼란만 가중된 상황이었다.

전북 정읍에 위치한 고부 군수 조병갑은 여느 탐관오리처럼 농민들에게 불합리한 세금을 부과했고, 이에 저항하는 농민들을 처참히 응징했다. 그는 농민들에게 저수지 사용료까지 뜯어냈는데, 농민들에게 저수지 물은 그야말로 생명줄이었다. 그런데 일개 군수가 생명

줄을 부당하게 움켜쥔 꼴이었다.

횡포의 기반에는 더 흉악한 시스템이 자리 잡고 있었다. 중앙 정계를 장악한 민씨 척족은 지방 관리들을 파견하는 과정에서 돈을 착복했고, 지방 관리들은 그들에게 뇌물을 바치기 위해 더 큰 횡포를 부렸다. 역사의 거대한 전환점에는 이렇듯 사회적 구조의 병폐가 자리 잡게 마련이다.

조병갑의 패악질에 분노한 고부의 농민들은 1893년 탄원서를 제출하려 했지만, 조병갑은 농민 대표를 붙잡아 고문했고 탄원서를 받은 전라북도 관찰사는 응답을 회피했다. 대화로 답을 찾지 못하자 농민들은 주먹을 움켜쥐었다. 바로 이때 농민들의 뜻에 힘을 실어준 존재가 있다. 바로 '동학도'였다.

동학은 천주교의 확장을 우려하던 양반들이 토속 신앙을 기반으로 새롭게 만든 신흥 종교였다. 최제우를 중심으로 교세를 확장하던 동학은, 종교를 넘어 무너져가는 조선 사회를 바로 세우고 농민들의 어려움을 구제해 주는 새로운 사상이자 이념이었다. 유교 사상을 비판적으로 흡수하면서 농민들에게 '누구든 입교하면 군자가 될 수 있다'는 꿈을 심어줬다. 무너져 내리는 신분제를 걷어차며 농민들의 지지를 얻은 것이다.

혁명으로 가는 길

조병갑의 만행으로 가족을 잃은 고부 지역의 훈장 전봉준이 봉기의 선두에 섰다. 1894년 음력 1월, 1천여 명의 농민군은 32년 전의 진주 농민들처럼 흰 띠를 두르고 농기구와 죽창을 들었다. 동학도들 사이에서는 조병갑을 처단하고, 전주영(全州營, 전주 지역의 군부대)을 함락하자는 사발통문이 돌려졌다. 동학 농민 운동의 시작이었다.

농민군은 가장 문제가 됐던 만석보 저수지를 파괴하고 고부 관아로 달려간다. 그러고는 불법으로 수탈된 곡식을 되찾아 고부 지역 백성들에게 곡식을 돌려준다. 농민군을 피해 전주로 도망갔던 조병갑은 상부에 이를 보고했고, 조선 조정은 곧 봉기 사실을 알게 된다. 정부

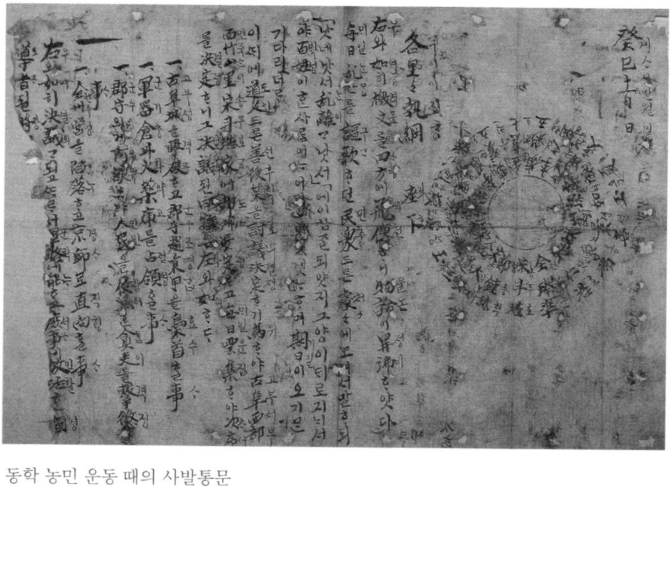

동학 농민 운동 때의 사발통문

는 사태를 해결하기 위해 조병갑을 체포해 파면하고, 새 군수로 임명하는 것으로 사건을 무마하려 한다. 그리고 순진했던 농민군은 이를 믿고 해산한다.

하지만 문제를 마무리하기 위해 조정에서 파견된 안핵사(지방에서 발생하는 민란을 수습하기 위하여 파견하던 임시 벼슬)는 농민들의 봉기를 '동학도의 반란'으로 규정하고, 관련자들을 모두 동학도로 몰아 역적죄를 적용해 탄압한다. 안핵사와 조선 조정이 진정되는 듯했던 농민들의 가슴에 불을 지핀 것이다. 그렇게 두 번째 봉기가 시작됐다.

전봉준과 김개남, 손화중을 필두로 삼은 동학도와 농민군 연합은 1894년 음력 3월에 봉기를 알리는 격문을 발표하고, 주변 지역 농민들을 규합한다. 뜻을 함께한 이들만 수천에 달한 농민군은 파죽지세로 북상하며 부안을 점령하고, 관군을 대파하면 승기를 잡는다. 이후 고창을 넘어 전주성을 점령한다. 농민들의 봉기는 전라도에만 머물지 않았다. 바로 윗동네였던 충청도는 물론 경상도에까지 이어졌고, 농민군의 승전은 전국으로 퍼져나갔다.

조선 조정은 결국 다시 청나라에 군대를 요청한다. 불과 12년 전인 임오년에 외국 군대가 조선에 입성한 결과를 까맣게 잊은 듯했다. 청나라 군대가 인천에 상륙한다는 소식이 일본에 전해졌고 "조선에서 청 · 일 양국 군대는 동시 철수하고, 동시에 파병한다"라는 텐진조약을 핑계로 일본군 1만여 명이 조선에 파병된다. 뒤늦게 상황 파악을 한 조선 조정은 농민군과 교섭을 벌이려 했지만, 이미 상황은 걷잡을 수 없었다.

민란이 전쟁으로 번진 우매한 과정들

농민군은 조선 조정에 '삼정의 개혁(국가 재정의 근간을 이루던 전정田政 · 군정軍政 · 환정還政의 폐해를 수습하고자 행한 각종 개혁 정책)'을 촉구하며 교섭을 시작했다. 주도권을 잡은 세력은 농민군을 등에 업은 동학도였다. 동학도는 농민군을 이끌고 철수하는 과정에서 전라도 지역에 집강소를 설치했다. 농민군은 관군과 전주 화약을 맺으며, 평화를 약속하고 철수를 단행한다.

그러나 19세기 말, 거대한 변화의 소용돌이는 조선을 가만히 두지 않았다. 청나라가 조선에 군을 보낸 명분은 농민군 진압이었으나 내심은 일본을 견제하는 것이었다. 일본이라고 다르지 않았다.

일본은 조선의 내정 개혁을 주도하려 했고, 청나라도 가만히 있을 수 없었다. 농민군이 전국을 휩쓰는 와중에, 이를 핑계로 청나라와 일본이 조선에서 전쟁을 준비하는 어이없는 상황이 벌어졌다. 일본은 자국의 군대를 투입해 경복궁을 점령한다. 청나라도 일본의 조선 침략을 저지한다는 핑계로 군대를 움직였다. 청일 전쟁이 시작된 것이다.

농민군의 상황은 완전히 뒤바뀌었다. 농민군의 전투 대상은 조선 관군을 넘어 일본군이 됐다. 협상 대상인 조선 조정이 허무하게 일본과 뜻을 함께하는 모양새가 된 까닭이었다. 일본은 농민군을 청나라와의 전쟁에서 '후방을 교란하는 위협'으로 간주하고, 조선 관군과 연합해 토벌전을 벌인다. 전쟁의 구도가 조선 농민군과 조일연합군의 대항이 되었는데, 단지 동학도와 농민군의 생존 투쟁이 갑오년의 전쟁으로 확대되는 순간이었다. 이 와중에 각 지역 사회의 지주들과 양반들은 농민군을 역도로 몰아 관군과 연합한다.

농민군은 그야말로 고립되고 만다. 설상가상으로 동학도와 농민군은 하나의 이념적 결사를 만들지 못한 채 스스로 분열한다. 작금의 상황을 일본군의 탓으로 생각하는 이가 있던 반면 근원적인 문제를 조선이라 생각한 이들도 있었다. 모름지기 땅 문제와 세금 문제만 해결되면 그만이라고 믿었던 이들이 있던 반면 조선이라는 나라를 근본부터 바꿔야 한다고 생각한 이들도 있었다. 누군가는 흥선 대원군을 다시 세우자고 했고, 누군가는 스스로를 왕이라 칭했다.

1895년, 서울의 일본 영사관에서 압송되는 전봉준

뒤죽박죽인 상황 속에서 청나라가 결국 일본에 패전한다. 청일 전쟁의 승리로 조선 조정을 완벽하게 장악한 일본은 분열된 농민군을 단번에 일소하기 위한 작업에 착수한다. 결국 단일한 세력을 유지하지 못한 농민군은 공주의 우금치 전투에서 일본군과 관군 연합에 처참히 패배한다. 전봉준과 김개남 등의 농민군 지도자들은 체포됐고, 각지에 흩어졌던 농민군은 완전히 와해됐다.

언뜻 허무했다. 하지만 결코 이는 조선의 끝을 알리는 사건이 아니었다. 역설적으로 이 과정에서 '우리'라는 일체감이 만들어졌다. 비록 조선 조정과 같은 동네의 양반들마저 '우리'와 싸웠지만, 적어도 '우리' 밖의 거대한 외세의 힘은 제대로 파악할 수 있었다. 서서히 농민층을 중심으로 '우리'라는 공감대가 형성되고 있었다.

암살당한 왕후와 도망간 임금

을미사변은 단순히 조선과 일본 간의 문제가 아니었다. 아무리 약소국인 조선이라 할지라도 복잡한 동아시아 국제 관계에서 중요한 열쇠를 가진 나라의 왕후*가 시해된 거대한 사건이었다. 그러나 조선은 책임자 처벌은 물론 사건의 진상 파악조차 제대로 할 수 없었다. 그리고 부인을 잃은 고종은 일본을 향해 책임지라는 말을 입 밖에 꺼내지도 못했다. 왜 그랬을까?

일본이 청일 전쟁에서 승리했다. 전쟁 당시 후방으로 여겨졌던 동학도와 농민군의 봉기도 조선 관군과의 연합 작전으로 와해됐다. 비로소 일본은 한반도에서의 영향력을 장악하고, 조선을 넘어 대륙으로 가는 첫 단계를 넘어섰다고 생각했다.

* '명성황후'란 공식적인 명칭은 아니다. 엄밀히 말해 민비는 고종이 황제에 즉위하기 전에 '왕후로서' 사망했기 때문이다. 즉, 민비가 대한제국의 '황후'였던 적은 없다. 그러나 일반적으로 그를 칭할 때 추존의 의미로 '명성황후'라고 부르기에, 본문에서도 왕후와 명성황후를 혼용해 사용했다.

그런데 복병이 나타난다. 바로 러시아였다. 사실 러시아는 19세기 후반 시점에 조선 조정이 배척한 나라였다. 청나라와 일본에 의해 '러시아 위협론'이 널리 퍼져 있었고, 그래서인지 조선의 개화파 인사 중 러시아에 주목하는 이들은 많지 않았다. 하얀 얼굴의 낯선 이방인이었던 러시아의 접근은 제국주의 국가의 욕심과 그로 인한 팽창주로 치부됐다.

그러나 혼돈의 시대였던 만큼 조선과 러시아의 관계에도 변화가 생겼다. 조선은 임오군란을 겪는 과정에서 청나라를 견제하기 위한 세력으로서 러시아에 관심을 보였고, 1884년 러시아와의 수교(조로수호통상조약)를 체결한다.

문제는 그간의 위협론과 달리 실제 러시아는 청일 전쟁이 마무리되기까지 늘 조선에 소극적인 태도를 취했다는 것이다. 청일 전쟁 당시에는 오히려 청나라에 힘을 실어주는 분위기였다. 그러나 지금의 국제 정세가 뒤집혀 일본의 영향력이 한반도에서 강화되면, 러시아의 동진東進 전략에도 문제가 생길 수 있었다. 러시아는 청나라보다 일본을 경계하며 아시아에서의 이권을 확대하고 있었다.

바로 이때 일본이 청일 전쟁에서 승리하자 러시아가 본격적으로 움직이기 시작했다. 러시아의 황제 니콜라이 2세는 육지로서의 조선보다 부동항(일 년 내내 해면이 얼지 않는 항구)으로서의 한반도에 관심을 쏟았다. 일본이 요동을 점령하면 러시아는 연해주 옆 만주에서의 영향력을 상실하기 때문에 이를 막기 위해 한반도를 강력하게 장악해야 했던 것이다.

일본의 요동 점령은 청나라를 호시탐탐 노리던 프랑스와 독일에도 달갑지만은 않은 결과였다. 다른 열강이 중국 땅을 탐내는 것을 좋아할 나라는 없었다. 다만 영국의 경우, 러시아를 견제하기 위해 일본을 밀어주는 것뿐이었다. 결국 일본의 요동 반도 점령을 무력화하기 위해 러시아, 독일, 프랑스는 삼국 간섭을 일으킨다.

조선을 거의 다 장악했다고 생각했던 일본은 요동에서부터 러시아에 밀리자 조선에서의 영향력마저 잃을까 노심초사하게 된다. 러시아가 선택한 극동에서의 전략적 변화가 조선 조정에 다시 태풍을 몰고 오게 된 것이다.

일본을 견제할 새로운 대안 세력, 러시아

청일 전쟁 직전, 일본은 조선에 상륙한 군대를 동원해 경복궁을 점령했다. 그리고 청나라와의 전쟁 과정에서 한반도를 쑥대밭으로 만들었으며, 조선의 농민들을 비참하게 살해했다. 물론 이 과정에서 고종은 일본에 적극적으로 협력했지만 어떤 마음으로 그러한 결정을 했는지는 알 수 없다. 적어도 그의 속내 중 한 가지는 확인할 수 있을 듯한데, 바로 두려움이다. 일본이 조선을 통으로 삼킬 수도 있겠다는 두려움 말이다.

이 두려움 가운데 벌어진 사건이 바로 갑오개혁이다. 심지어 이 개혁은 일본이 청일 전쟁에서 승리하기도 전인 1894년, 즉 동학도와 농민군과의 전쟁 과정에서 진행된 개혁이었다. 일본은 조선의 내정 개혁 추진 기구였던 교정청을 해체하고, 군국기무처라는 기구를 신설해 일본 주도의 개혁을 추진한다. 이때 갑신정변의 실패로 일본으로 망명했던 개화파 인사들이 대거 일본의 위세를 이용해 조선으로 돌아와 일본식 개혁을 추진한다.

청일 전쟁 승전 이후 일본이 조선 내정에 심각하게 간섭하자 고종과 명성황후는 청나라 이외의 대안 세력을 찾는다. 그러던 중 러시아가 요동에서 일본 세력을 견제하고, 삼국 간섭을 주도하자 관심을 갖기 시작한다. 조선의 관심을 알아챈 러시아는 일본 견제라는 공통분모를 발견하며 조선과의 관계 개선에 힘쓴다.

두 나라의 관계 개선을 위해 적극적으로 활약했던 인물이 바로 러시아 공사 카를 이바노비치 베베르였다. 베베르는 고종을 비롯한 명성황후와 개인적 친분까지 단단히 하면서 양국 사이의 가교 역할을 톡톡히 한다. 고종과 명성황후는 그를 통해 러시아에 대한 신뢰를 쌓았고, 러시아의 진의가 '조선 침략'이 아닌 '일본 견제'라고 확신하며 러시아에 기댄 외교 관계를 재구축한다.

특히 명성황후와 베베르는 긴밀히 접촉하며 한러 관계의 핵심축이 됐고, 이어서 조선 조정 내의 친일 인사를 축출하기 시작했다. 친일 성향의 관료들은 물론, 특히 일본 공사관과 가까운 사이였던 박영효의 실각은 엄청난 파장을 낳는다. 그리고 이완용을 중심으로 한 '배일 성향'의 관료가 그 자리를 채운다.

하지만 베베르의 적극적인 행동과 이에 따른 조선 조정의 변화는 자칫 일본을 자극할 우려가 있었다. 청일 전쟁의 결과를 확인한 러시아 정부는 도를 넘어선 욕심으로 마찰을 일으키고 싶지는 않았다. 즉, 일본 세력이 확장되는 것은 싫지만 그렇다고 러시아가 한반도를 차지하려 한다는 오해도 사기 싫었다. 러시아는 조선이 자주권을 가진 중립지대이기를 바랐던 것일 뿐, 그 이상의 군사적 충돌은 원치 않았다.

하지만 일본의 입장은 달랐다. 일본은 (러시아를 포함한) 삼국 간섭 때문에 청일 전쟁에서 승리했음에도 제대로 된 보상을 받지 못했고, 요동 반도를 포기하는 대가로 기존 배상금 2억 냥에 추가로 3천만 냥만을 얻어내고는 치욕적으로 물러나야 했다. 물론 3천만 냥이라는 어마어마한 돈은 당시 일본 정부 수년 치의 세입이었을 정도로 컸지만, 꿈에 그리던 대륙 땅 요동을 포기해야만 했던 일본에 러시아는 원수였다.

기껏 전쟁까지 하면서 조선에서의 영향력을 키워놨더니 원수의 나라가 조선과 친근한 만남을 이어가는 꼴을 일본은 두고 볼 수 없었다. 러시아와 조선의 연결고리를 어떻게든 끊어야 했다. 이때 일본이 주목한 인물은 명성황후였고, 곧 한국인이라면 익히 알고 있는 파렴치한 사건이 발생한다. 바로 을미사변(명성황후 시해 사건)이다.

불타버린 경복궁과 산화한 조선의 왕후

사건은 1895년 9월 당시 일본 공사였던 이노우에 가오루를 대신해 일본 육군 중장 출신 미우라 고로가 새롭게 부임하면서부터 전개되기 시작했다. 미우라는 조선 입국과 동시에 공사관 직원들을 새롭게 구성하고, 왕후 암살 계획을 짰다. 왕후를 시해한 후 이를 흥선 대원군과 조선인 훈련대의 반란으로 꾸민다는 계획을 세운 것이다.

운명의 10월 8일 새벽, 경복궁의 서쪽 추성문으로 들어온 일본군과 일본 낭인들은 왕후를 찾기 위해 빠르게 움직였다. 놀랍게도 고종은 실제 이 모든 과정을 직접 목격했다.

고종은 즉시 미우라 공사에게 일본 군대를 해산하라고 요청함과 동시에 러시아와 미국 공사관에 도움을 청한다. 바로 이때 발 빠른 일본 낭인들이 왕후의 처소에 진입한다. 처소에 있던 고종은 일본 낭인들과 마주한다. 일본 낭인들은 고종의 어깨를 밀치고 조선의 궁녀

명성황후 시해 장소로 추정되는 경복궁 건청궁

들을 폭행하며 왕후를 찾았다.

궁내부 대신이던 이경직이 왕후를 구하기 위해 일본 낭인을 막아섰지만, 결국 낭인들의 칼에 두 팔을 잘렸다. 폭행당하던 이경직이 도망가려 하자 낭인들은 고종이 보는 앞에서 이경직에게 총을 쏘고 결국에는 칼로 찔러 죽인다. 이후 낭인들은 왕후가 누구인지 모르는 상태에서 눈에 보이는 궁궐의 여성은 모조리 잡아 죽이기 시작한다.

충격적인 장면을 목격하다 잠시 정신을 잃었던 고종은 정신을 차린 후 피 묻은 흰옷을 입은 어린 세자빈과 마주한다. 이때 왕후가 몸을 피해 숨었다는 소식을 듣는다. 그 순간 낭인들은 세자빈의 가슴에 칼날을 겨누며 왕후가 있는 곳을 추궁하지만, 일본어를 알아듣지 못한 세자빈은 제대로 답변하지 못한다.

아침 6시, 왕후를 찾던 일본 낭인들은 널브러져 있는 시신 중 하나가 조선의 왕후라는 사실을 알아낸다. 허무하게도 흰 속옷만을 입은 상태로 조선의 왕후가 치욕스럽게 사망한 것이었다.

왕후의 시신을 확인한 일본 공사 미우라는 증거를 인멸하기 위해 급히 화장을 지시했고, 일본 공사관 경부 오기와라가 시신 처리를 주도한다. 그렇게 하루가 갔다.

아직도 정확히 알 수 없는 그날의 진실

그러나 고종은 아무것도 할 수 없었다. 그는 일본에 의해 경복궁에

'구금'됐고, 내각의 주도권은 다시 친일 성향으로 대거 교체됐다. 특히 김홍집, 유길준을 중심으로 한 개화파 인사들과 우범선 등의 훈련대 장교들은 이미 을미사변을 사전에 인지하고 있었고, 적극적으로 가담하기까지 했다. 이들은 배일 성향의 관료들과의 경쟁에서 밀리지 않기 위해 즉, 속된 말로 정권 교체를 위해 을미사변에 참여한 것이다.

물론 이들이 왕후의 죽음까지 예상했을지는 알 수 없다. 하지만 적어도 이들은 러시아로 기울어진 조선의 외교 전략을 일본 중심으로 바꿔야 한다고 생각했고, 이를 위해서는 정치적 주도권을 잡아야 한다고 여겼다. 그 과정에서 친러 성향의 왕후를 정치 일선에서 물러나게 하려 했던 것은 분명했다.

을미사변은 조선과 일본 간의 문제만이 아니었다. 아무리 약소국 조선이라 해도 동아시아 국제 관계에서 중요한 열쇠를 가진 나라의 왕후가 시해된 거대한 사건이었다. 그것도 불과 몇 년 전 청나라와의 전쟁에서 승리한 신흥 열강 일본에 의해 벌어졌으니, 이를 바라보는 주변 국가의 눈초리는 매서울 수밖에 없었다.

그래서인지 사건에 대한 진상 파악은 그때나 지금이나 어렵기는 마찬가지다. 사건을 추적할 만한 조선 측의 단서가 많지 않기 때문이다. 바로 이 지점이 을미사변의 가장 치욕스러운 점이기도 하다. 조선은 왕후가 죽었음에도 죽음에 대한 책임자 처벌은 물론 사건의 진상 파악조차 제대로 할 수 없었다. 조선 조정과 부인을 잃은 고종은 일본을 향해 "책임지라"라는 말을 차마 입 밖에 꺼내지 못한 것이다.

그런데 이렇게까지 거대한 사건을 저지르고도 일본은 어떻게 멀쩡히 조선 조정을 장악할 수 있었을까? 일본의 시나리오대로라면 왕후 시해를 마음먹은 순간부터 이 사건은 조선인에 의한 반란이어야 했다. 그리고 거대한 반란 사건의 배후는 대원군이어야 했다. 결국 이 거짓된 사실은 조선 군부대신의 입을 통해 진실로 둔갑한다. "대원군이 일본인 낭인들을 시켜 민비를 살해했다"라고 언론에 의해 호도된 것이다.

친일 인사로 완전히 장악된 조선 내각은 '왕후'를 '서인(아무 벼슬이나 신분적 특권을 갖지 못한 일반 사람)'으로 폐위하는 조서를 고종의 명의로 발표하기에 이른다. 하지만 왕후 시해에 일본 공사관이 개입되어 있음이 드러나자 조선과 관계를 맺고 있던 열강이 나섰다. 도를 넘은 일본의 만행을 향한 비판이기도 했지만, 일본의 야욕에 맞서는 일종의 견제였다.

도망친 조선의 왕, 새판을 짜다

열강이 움직이자 실각했던 배일 성향의 관료들(이른바 정동파)을 중심으로, 김홍집 내각을 뒤집은 후 고종을 경복궁에서 탈출시키려다 실패하는 사건이 벌어진다. 성공했다면 고종은 미국 공사관으로 피신할 계획이었다.

이 계획이 실패하고 얼마 뒤인 1896년 2월 2일, 고종은 끝내 러시아 황제 니콜라이 2세가 조선 왕실을 보호한다는 명목으로 보낸 '어드미럴 코르닐로프 호'를 인천항에 입항시키고, 러시아군을 조선에 상륙시킨다. 일본을 강력히 견제하기 위해 고종과 정동파가 선택한 특단의 조치였다. 조선에 상륙한 러시아군은 경비병으로 둔갑해 서울에 들어온다.

2월 11일, 러시아 해군의 호위 속에서 고종과 순종은 러시아 공사관으로 무사히 탈출한다. 러시아 공사관 베베르와 정동파 세력이 치밀하게 계획했기에 가능했던 일이었다. 이 사건이 바로 아관파천이다.

아관파천이 성공하자 고종은 기다릴 필요도 없이 즉각 친일 성향의 관료들을 전부 면직하고, 일부는 체포하도록 명했다. 그렇게 김홍집, 어윤중, 정병하는 흥분한 군중에게 살해됐고, 유길준, 조희연, 우범선은 일본으로 망명했다. 그리고 그들이 주도했던 왕후의 폐서인 조칙은 취소된다.

살기 위해, 다른 누군가에게 먹히지 않기 위해 이토록 숨 가쁘게 내달리던 조선은 다시 한반도에서의 열강 간의 균형추를 맞추려고 시도한다. 기울어진 일본으로의 추를 러시아 쪽으로 돌려놓기 위한 노력이었다. 더불어 고종은 변화하는 세계정세에 적응하기 위해 드디어 홀로서기를 강행한다. 대한제국이라는 얇디얇은 껍데기를 뒤집어쓰고 말이다.

철학 없는 군주가 개혁을 대하는 방법

왕비까지 살해된 조선은 이제 무엇을 할 수 있을까? 일을 이 지경까지 끌고 온 고종을 탓하는 것은 잠시 뒤로하고, 적어도 이 상황에서 조선이 선택할 수 있는 길이 무엇이었는지 냉정하게 판단할 필요가 있다. 그런데 당시 고종의 '파천'은 그가 선택할 수 있는 몇 안 되는 선택지 중 그나마 시간을 벌 수 있는 안전한 판단이었다.

갑신년에 일어난 급진 개화파들의 쿠데타로 인해 조선에서 '개화'라는 단어는 한동안 먼 이야기가 되었다. 그사이 동학도와 농민들은 세상을 바꾸자며 죽창을 들었고, 이들을 진압한다는 핑계로 일본과 청나라는 조선 땅에서 전쟁을 벌였다. 승전 과정에서 일본은 조선에서의 영향력을 넓혔고, 러시아와 대립각을 세우다 조선의 왕후가 암살당하는 초유의 사건까지 벌어졌다.

일을 이 지경으로 만든 국정 운영의 책임자 고종을 탓하는 것은 잠시 미뤄두고, 이 상황에서 조선이 선택할 수 있는 길이 무엇이었을지 냉정하게 판단해 볼 필요가 있다. 누군가는 '아무리 그래도 한 나라의 왕이 남의 나라 공사관에 숨다니!'라고 생각할 수도 있다. 그러나 당시 고종의 '파천'은 몇 안 되는 선택지 중 그나마 시간을 벌 수 있는 안전한 판단이었다.

고종은 왕후를 암살하면서까지 빠르게 조선을 보호국으로 만들려 했던 일본의 극우 세력에게 '그럴 생각이 추호도 없다'는 의지를 보였다. 한편으로는 그렇게 번 막간의 시간에 내부를 단속할 기회를 얻었으니, 조선에는 아직 희망이 남아 있었다.

고종이 이 모든 변수를 계산해서 한 행동이었는지는 알 길이 없다. 하지만 적어도 아관파천을 주도한 개화파 인사들이 러시아 공사관으로의 도피를 역전의 기회로 활용하고자 했던 것은 분명하다.

1900년경 러시아 공사관

그런데 갑신정변으로 조선의 개화파는 사멸하지 않았던가? 아니다. 나라 안팎의 복잡하고 암울한 상황 속에서도 개화파는 성장하고 있었다. 일본으로, 미국으로 망명한 이들이 있었던 반면 조선 안에서도 개화와 근대라는 막을 수 없는 변화에 관심을 가지는 이들이 점점 늘었다.

또 을미사변 이전 일본의 입김이 조선 조정에 강하게 불어닥치던 그 시절, 갑신정변의 주요 인사들에 대한 대대적인 사면 조치가 취해졌다. 이때 미국과 일본으로 도피했던 개화파 인사들이 대거 조선으로의 귀국을 준비했다. 그리고 그들은 변해야 산다는 대의 속에서 '국권 회복'이라는 소명 의식을 키워나갔다.

청나라는 이미 일본과의 전쟁에서 패배하며 조선에 영향력을 행사하지 못했고, 일본도 조선을 완전히 보호국으로 만들지는 못한 상태였다. 친일적 조선 내각의 '배려'로 조선에서 다시 기회를 잡은 개화파들이었지만, 그들이 원한 것은 독립이었다. 여기서 독립이란 나라의 자주성을 되찾아 독립된 국가를 건설하는 것을 의미했다.

이 와중에 을미사변이 일어난다. 일본에 의한 왕후의 암살과 이에 대한 반작용으로 발생한 아관파천은 개화파 인사들 내부의 세력 균형을 재배치한다. 이른바 '정동 구락부(서울 정동에 있던 서양인 사교 클럽. 열강의 힘을 빌려 일본 세력을 물리치고자 고종과 명성황후가 비밀리에 신하를 보내 친분을 맺고 시종을 보내 호의를 베풀기도 했다)'에 소속돼 러시아와 미국, 영국 등의 공사관들과 긴밀한 관계를 맺어오던 개화파 인사들은 갑신정변 이후 미국으로 망명했던 서재필을 끌어안으며 세력을 확장해 나갔다. 그렇게 개화파 내부의 친일 인사들은 일선에서 후퇴하고, 독립협회라는 새로운 거대 정치 세력이 탄생한다.

여전히 남아 있던 희망의 불씨

독립협회 주도 세력에게는 하나의 과제가 있었다. 다름 아닌 '인민'으로부터의 광범위한 지지였다. 아래로부터의 개혁 즉, 엘리트 지식인들만의 개혁이 아닌 민중 전체의 변화 의지를 고취해야만 제대로 된 개혁이 가능하다고 여긴 것이다. 이 판단은 여전히 백성에 머물러 있던 민중을 계몽해야 한다는 공감대를 형성했고, 이를 바탕으로 독립문과 독립공원 건설 그리고 〈독립신문〉의 창간이 이어졌다.

뎨일권
독닙신문
뎨일호
조선 서울 건양 원년 사월 초칠일 금요일
광고
논셜

〈독립신문〉 창간호

순 한글로 발행되는 〈독립신문〉은 특히 미국의 영향을 받아 개화를 추진하려던 서재필과 윤치호의 의지가 담긴 신문이었다. 서재필과 윤치호는 미국에서 보고 배운 시스템을 통해 조선을 근대 국가로 만들어야 한다고 생각했다. 그 생각의 바닥에는 교육을 통해 백성들을 계몽해 이들을 근대시민, 즉 '인민'으로 성장시켜야 한다는 믿음이 있었다.

물론 독립협회는 여전히 엘리트 지식인들의 모임이었다. 하지만 적어도 모임에 참여할 수 있는 신분적 제한(갑오개혁으로 신분제는 철폐됐지만, 여전히 사회적 신분의 벽은 강고했다)은 없었다. 누구나 원하면 독립협회의 회원이 될 수 있었고, 투표를 통해 임원이 선출됐으며, 누구든지 원하면 안건을 발의할 수 있었다.

한편 독립협회가 이제 막 몸집을 불려가던 1897년 2월 20일, 고종은 1년여 만에 덕수궁으로 복귀한다. 고종이 기존 정궁이던 경복궁이 아닌 덕수궁을 택한 것은 위치 때문이었다. 외국 공사관이 즐비하던 정동은 고종이 앞으로 어떤 정치를 할 것인지를 천명한 것과도 다름없었다. 바로 외교였다. 즉, 자기 집무실 인근의 다양한 공사관을 활용해 열강들과 돈독한 관계를 맺으며 중립국으로의 도약을 꿈꾼 것이다. 그리고 고종은 환궁과 동시에 개화파 세력을 적극적으로 껴안으며 국정 운영을 시작한다.

얼마 뒤 8월 고종은 연호(임금이 즉위한 해에 붙이던 칭호)를 '광무光武'로 결정하고, 두 달 뒤 스스로 황제 자리에 앉아 국호를 '대한제국'으로 바꾼다. 이는 절체절명의 위기에서 아관파천이라는 자구책을 선택한 후 고종이 야심만만하게 던진 독립에 대한 의지 표명이었다. 물론 고종이 선택한 승부수의 결과를 알고 있는 우리로서는 이 이야기를 들어도 딱히 설렘이 없다. 하지만 당시 독립협회 중심의 개화파는 물론 독립된 나라를 갈망하던 조선인들에게는 기대할 만한 선택이었다.

조선, 아니 대한제국은 여전히 전제왕권이라는 한계를 가진 나라였다. 하지만 대한제국 속 독립협회는 기존의 전통 시스템인 붕당을 대체한 정당 성격을 가진 사회단체로 성장하고 있었다. 그렇게 독립협회는 계몽을 넘어 백성들이 직접 의사를 전달할 수 있는 통로로서의 역할을 시도한다. 그 출발이 바로 만민공동회였다.

독립의 방향을 놓고 삐걱대는 고종과 독립협회

만민공동회는 독립협회의 토론회에서 출발했다. 중요한 것은 토론회가 출발한 이유다.

고종은 황제로서 국정을 강력하게 통제하기를 원했다. 그런데 대한제국이라는 황제국으로서의 '독립'에 대한 대의는 같았지만, 황제의 권한이 비대해지는 것에 대해서는 고종과 독립협회의 의견이 갈렸다. 독립협회의 목표는 절대 왕정이 아닌, 백성들이 계몽을 통해 인민으로 거듭나는 것이었다. 이러한 기조는 고종이 러시아를 등에 업고 황제권을 강화하려는 움직임에 반대하는 과정에서 더욱 가시화됐다.

결정적인 사건이 바로 러시아의 절영도 조차(租借, 영토의 일부를 빌려 일정한 기간 통치하는 것) 시도였다. 부산 앞바다에 위치한 절영도는 러시아에 있어 일본에 맞서기 위해 꼭 필요한 전략적 요충지였다. 그렇기에 러시아는 조선과 관계를 맺기 시작한 시점부터 절영도에 자신들의 함대 연료 보급 기지를 설치하려 했고, 1897년 8월부터는 조선 정부를 향해 강력히 조차를 요구했다. 독립협회는 이러한 러시아의 요구에 즉각 반발하며 토론회를 개최했고, 독립협회의 목소리를 담은 항의 편지를 고종에게 발송했다. 한발 물러선 러시아가 절영도 조차는 포기했지만, 러시아 재정 고문과 군사교관을 계속 임용하라고 요구하며 조선에서의 영향력을 유지하려 했다.

독립협회는 물러서지 않고 '반러'를 기치로 토론회를 확장해 만민공동회를 개최했다. 자주독립 국가에서 가장 중요한 군사와 재정을 러시아에 맡겨서는 안 된다는 주장은 많은 사람의 지지를 얻었다.

만민공동회 첫날, 1만여 명이 운집할 정도로 엄청난 인파가 몰린

만민공동회 민중대회 기록화

것은 당시의 여론을 확인시켜 준다. 독립협회의 주도로 시작된 만민공동회는 이후 자발적인 모임으로 확대됐고, 독립협회의 주장을 지지하는 수준에서 한 단계 더 성장한다.

만민공동회를 통해 성숙해져 가는 사회적 분위기와는 달리 고종은 작금의 상황을 대단히 불쾌하게 생각했다. 일본의 압박에서 벗어나기 위해 고종이 선택한 것은 친러시아 행보였고, 그에게 러시아는 생명의 은인이자 조선을 살린 고마운 나라였기 때문이다.

여하간 고종은 만민공동회의 압박에 못 이겨 결국 러시아 고문을 해임했지만, 독립협회는 한발 더 나아가 의회 설립을 주장했다. 서재필의 〈독립신문〉 논설에서 처음 시작된 의회 설립안은 점점 구체적으로 논의됐고, 중추원(내각의 자문 기관)을 개편해 의회로 발전시키자는 주장으로 이어졌다. 모든 '민民'이 참여하는 의회 설립은 당장에 불가하니 중추원을 과도기적으로 개편해서 의회의 기능을 맡기자는 시도였다.

그러나 독립협회와 고종의 생각은 너무도 달랐다. 고종은 전제 황권을 중추원과 나눌 생각이 없었다. 그는 그저 중추원을 정부의 자문 기관으로 둘 생각이었다. 고종은 보부상들을 앞세운 수구파 세력인 '황국협회'를 앞세워 독립협회를 견제하기 시작했다.

둘 사이에 신경전이 오가던 중, 만민공동회가 대한제국의 전·현직 대신들을 초청하는 지경에 이른다. 처음에는 콧방귀도 끼지 않던 고종의 측근 세력들은 군중의 압박에 못 이겨 고종의 허가를 받아 만민공동회에 참여했다. 이로써 만민공동회는 관민공동회로 거듭난다.

곧 관민공동회에서는 '자주적 전제 황권의 강화'를 전제로 '외세로의 이권 양도 반대', '예산 공개', '중추원 개조안 실천' 등의 국정 개혁을 결의한다. 이른바 헌의 6조였다.

능력은 없고 의심만 많았던 군주

고종은 곧바로 헌의 6조를 수용한다. 독립협회의 토론회에서 출발한 만민공동회가 조정의 대신들을 끌어들여 동의를 얻고 황제의 승인까지 받은 이 사건은 엄청난 변화를 상징했다.

하지만 진짜 문제는 지금부터였다. 고종의 내심은 전혀 다른 곳에 있었기 때문이다. 고종은 애초에 자신의 권력을 의회, 아니 중추원과도 나눌 생각이 없었다. 고종의 눈에 독립협회 세력은 그저 '나를 반대하는 세력' 그 이상도, 이하도 아니었다.

무릇 나라는 국왕과 국왕이 간택한 대신들이 운영하는 법이지, 무지한 백성들이 함부로 설쳐서는 안 되는 것이었다. 고종이 생각한 변화는 유럽의 왕들처럼 머리를 자르고, 커피를 마시고, 신문물을 다룰 줄 아는 그저 그런 변화였다. 그런 고종에게 '민民'의 요구는 괘씸할 뿐이었다.

고종의 의중을 파악한 측근 세력들은 발 빠르게 움직였다. 독립협회가 왕을 쫓아내려 한다는 소문을 퍼뜨린 것이다. 황국협회 주도로 퍼진 이 소문으로, 독립협회는 입헌군주제를 넘어 공화제를 꿈꾸며 황제를 몰아내려는 세력으로 둔갑한다. 물론 만민공동회 중 일부 독립협회 간부들 사이에서 대통령에 대한 논의가 전혀 없었던 것은 아니었지만, 진지하게 공론화되지는 않았다.

그러나 황국협회에 그러한 논의가 얼마나 진척됐냐는 중요하지 않았다. 곧 이들은 독립협회의 집회를 찾아가 훼방을 놓으며 집단 테러를 시작한다. 황국협회의 유언비어에 넘어간 이들은 흥미롭게도 유교적 지식인들이었다. 군주에 대한 충성이야말로 가장 중요한 덕목이었던 지역 유생들은 독립협회의 움직임을 반역으로 바라봤다.

결국 고종은 '황제를 내쫓고 공화제 국가를 꿈꿨다'라는 죄목으로 독립협회를 이끌던 간부급 인사 17명을 구속한다. 더불어 관민공동회에 참석했던 관료들도 해임하며 그간의 변화들은 모두 구체제로 복귀된다. 고종의 배신에 독립협회는 경무청 앞에서 만민공동회를 개최한다. 헌의 6조 시행과 독립협회 지도층 석방을 요구한 이 집회에는 비단 독립협회 회원만 참석한 것은 아니었다. 변화를 요구하는 민民의 의중이 반영된 집회였다.

대한제국 고종 황제

하지만 고종은 황국협회를 활용해 독립협회를 습격했고, 테러를 당한 독립협회 회원들은 이에 항의하며 들고 일어났다. 독립협회의 방향성에 동감했던 민民은 정부 대신들의 집을 습격하고, 관청 앞에서 항의 시위를 이어갔다. 시위는 날이 갈수록 과격해졌고 정부를 향해 '짱돌'을 던지며 분노를 표출했다. 고종과 독립협회 사이의 갈등은 극에 달했다.

독립협회의 몰락, 대한제국의 멸망

위기의 고종은 독립협회와 만민공동회를 모두 해산시킨다. 독립협회는 이를 받아들이지 않고 항의했지만, 고종은 군대를 동원해 강제 해산한다. 그리고 독립협회는 고종의 명령으로 영원히 불법화된다. 결국 대한제국에는 고종과 고종을 떠받치는 관료 외에는 어떠한 정치 세력도 남지 않았다.

아직 무르익지 못한 시대적 분위기에서 급진적인 개혁을 추진하던 독립협회에도 한계는 있었지만, 변화하는 세계정세 속에서 대한제국을 심폐 소생하려는 의지가 있었다. 물론 대한제국 내에서 정치적 주도권을 장악하려는 의지도 분명 존재했다. 그러나 독립협회의 주도권 싸움은 단순히 그들의 사적 이익을 취하려는 욕심으로만 보기 어렵다. 그들에게 이 싸움은 구시대적 사고에 머물러 나라를 망치려는 세력과의 투쟁이었다.

문제는 그 투쟁 과정이 너무도 독선적이고 급진적이었다는 것이다. 고종에게 이러한 독립협회의 주장은 하늘이 준 권력을 나누라는 어처구니없는 주장일 뿐이었다. 허무하게도 고종의 이런 생각에 따라 대한제국은 스스로 변화할 동력을 완전히 상실했다. 이는 결코 과장된 말이 아니다. 얼마 뒤 대한제국은 군주의 무능 속에서 또다시 전쟁터로 변해갔으니 말이다.

결국 나라를 잃다

헤이그 특사 파견은 그야말로 도박이었다. 만약 대한제국이 정식으로 회의에 참석 가능할 경우, 을사조약이 국제적으로 인정받지 못하거나 대한제국이 다시금 독립국으로 공인받게 될 수도 있었다. 하지만 반대로 특사들이 제대로 된 대우를 받지 못한다면, 대한제국에 대한 일본의 권리가 국제 사회에서 공인되는 것이나 다름없었다.

왕후 암살에 이어 벌어진 아관파천과 독립협회의 갈등까지, 19세기 말 조선은 한 치 앞도 내다보기 힘든 상황이었다. 그사이 조선에서의 영향력을 두고 줄다리기하던 러시아와 일본은 서로의 이익을 보장받기 위해 협상을 시작했다. 고종이 독립협회 세력과 권력을 두고 철없이 신경전을 벌이는 동안, 일본과 러시아는 조선에서 한 푼이라도 더 뜯어가기 위해 대화에 나선 것이다.

러시아는 한반도에서 한발 물러나 만주로의 확장을 노리고 있었고, 일본도 청일 전쟁 후 삼국 간섭으로 내상을 입은 마당에 굳이 러시아와 무력 충돌을 일으키고 싶지는 않았다. 조선 주재 러시아 공사 베베르와 일본 공사 고무라 주타로는 양국 입장을 정리한 각서에 서명한다.

그리고 약 한 달 뒤, 러시아 황제 니콜라이 2세의 대관식에 참석한 일본의 야마가타 아리토모 특사와 당시 러시아 외상이던 로바노프가 〈베베르-고무라 각서〉를 바탕으로 모스크바에서 의정서를 체결한다.

이 약속의 중심에는 대한제국이 있었다. 대한제국의 재정 문제에 대한 조언, 차관에 대한 권리, 대한제국 내의 전신선 설치 문제 등이 그 사안이었다. 씁쓸하게도 대한제국의 그 누구도 위 각서와 의정서 체결 과정에 대해 아무런 목소리를 낼 수 없었다.

그러나 일본과 러시아가 막상 불꽃 튀게 부딪힌 곳은 다름 아닌 중국 땅, 더 정확히는 만주였다. 중국 산둥성 부근에서 시작된 의화단 운동(중국 청나라 말기에 일어난 외세 배척 운동)이 만주로까지 확대된 것이었다.

의화단 운동은 대단히 폭력적이었다. 열강에 의해 건설된 철도와 전신을 파괴하거나 외국 제품을 불태우고 교회를 습격하기도 했다. 이 과정에서 다수의 사상자가 나왔고, 의화단은 열강에 선전 포고까지 한다. 영국과 러시아, 독일, 일본 등 총 8개국 연합군은 의화단을 진압하기 위해 연합 작전을 수행했고, 곧 청나라 정부와 협상을 시작했다.

상황이 급박하게 흘러가자 러시아는 자국 철도인 '동청철도'를 보호한다는 구실로 만주를 무력으로 점령한다. 문제는 그 이후부터였다. 만주에서 의화단 운동이 진압된 뒤에도 러시아가 군대 철수를 거부한 것이다. 의화단 운동이 러시아에 기회로 작용하자 대한제국에서 러시아의 목소리도 더 커지면서, 그간 맺었던 각서와 의정서는 한낱 종이쪼가리가 되어버렸다.

일본은 이를 두고 보지 않았다. 일본에서는 만주와 대한제국의 문제를 한 번에 처리해야 한다는 이른바 '만한불가분일체론'이 고개를 들었고, 기왕에 시작한 경쟁이라면 만주까지 일시에 장악하자는 목소리도 높아져 갔다. 만주에서의 영향력을 확보하려면 적어도 대한제국을 일본의 보호국 수준으로 확고히 장악해야 했다. 일본이 본격적으로 한반도 땅을 자국 영토화하기 위한 수순을 밟기 시작한 것도 이때부터였다.

다시 전쟁으로 가는 길

러시아와 일본 사이의 분위기가 험악해지자, 유럽에서 러시아와 경쟁하던 영국은 러시아의 만주 장악과 대한제국에서 커져가는 영향력에 반대하며 1902년 1월 일본과 동맹을 맺는다. 이후 대對아시아 정책에 큰 위기를 맞은 러시아는 스스로 한계를 자각하고 만주에서 군대를 철수한다.

하지만 철수 과정에서 러시아 조정 내 강경파가 실권을 장악하면서 도리어 봉천성과 길림성을 점령하는 사건이 발생한다. 이후 러시아는 만주를 넘어 압록강 유역까지 군대를 이동하는데, 러시아와 일본 양국은 불신이 커진 상황에서 만주와 대한제국 문제를 두고 공식적으로 교섭한다.

일본의 입장은 명확했다. 대한제국은 일본의 보호국이어야 하며, 만주에서는 양국이 균등한 기회를 가져야 한다는 것이었다. 반면 러시아는 만주에서의 이권을 자국이 독점하며, 한반도의 39도선 이북 땅을 중립지대로 설정하자고 제안한다. 이에 일본은 중립지대를 만주와 대한제국 사이에 설치할 것을 요구하며 맞선다. 처음부터 서로 타협의 여지는 없었다.

1904년 2월, 결국 일본은 개전을 결정했다. 1904년 2월 8일 밤, 일본은 뤼순항에 있던 러시아 함대를 기습적으로 공격했고, 다음 날인 9일 대한제국의 제물포 앞바다에 있던 러시아 군함 두 척을 격침하면서 전쟁이 시작됐다. 그리고 다음 날인 10일, 양국이 정식으로 전쟁을 선포하며 러일 전쟁의 막이 오른다.

일본을 '동양의 미개한 나라'라고만 생각했던 러시아는 기습 공격에 적지 않게 당황한다. 사실 더 놀란 것은 고종이었다. 양국이 대한제국을 놓고 중립지대니 보호국이니 하던 그때, 정확히는 1904년 1월 23일 전쟁 직전에 고종은 느닷없이 중립을 선포한다. 하지만 곧 전쟁터로 변해버린 한반도 땅에서 중립화 선언은 무의미한 것이었다.

이를 증명하듯 곧 대한제국 주재 러시아 공사가 철수했고, 러시아와의 국교도 단절된다. 거침 없어진 일본은 곧 한성을 점령하고, 일본군의 대한제국 내 영구 주둔을 공식화했으며, 군사 전략상 필요한 지역이 있으면 신속하게 수용할 수 있도록 했다. 경의선과 경부선 그리고 한반도의 전신선이 일본에 장악되면서, 사실상 대한제국은 일본 편에 서서 러일 전쟁을 치러야 했다.

대한제국의 육로와 해안을 장악한 일본은 러시아보다 훨씬 유리한 위치에서 전쟁을 이어갔다. 1905년 1월 1일, 여순항을 점령한 일본은 파죽지세로 남만주에 진격해 봉천을 점령한다. 반면 러시아가 그토록 자랑하던 발트 함대가 전장에 도착했지만, 1905년 5월 대한해협에서 일본의 도고 함대에 격침당한다. 이 와중에 러시아에서 혁명 운동이 일어나면서 전승의 가능성은 일본 쪽으로 급격하게 기운다.

1905년 9월 5일, 미국의 시어도어 루스벨트 대통령의 중재로 러시아와 일본은 포츠머스 강화 조약을 체결한다. 사실상 러시아의 패배였다. 수천 년간 아시아 중심 국가였던 중국 왕조를 전쟁으로 이긴 일본이 유럽의 열강 러시아와의 전쟁에서 승리한 것이다. 이를 통해 일본은 한반도에 남은 유일한 열강으로서의 위치를 확고히 한다.

누구의 눈치도 볼 필요가 없어진 일본

열강들 사이에서도 '그래, 이 정도면 일본을 열강으로 인정해 줘야지' 하는 공감대가 형성된다. 일본이 아시아에서의 이권을 두고 열강들과 동등한 위치에서 대화할 수 있는 나라가 된 것이다.

한편 흥미롭게도 러일 전쟁은 최초로 국제법 준수를 명분으로 내세운 전쟁이었다. 일본과 러시아는 전쟁을 수행하는 과정에서 '전시 국제법(전시에 필요한 국제간의 법규 관계를 규정한 법률)'을 준수했다.

'전쟁은 전쟁이지, 그게 뭐가 중요해?'라고 생각할 수도 있지만, 전쟁까지도 규칙을 정하는 체제와 시스템이 바로 '근대'라는 사회다. 일본의 전시 국제법 준수는 국제 사회에서 일본이 문명화된 국가임을 확인받는 계기였다. 쉽게 말해 국제 사회가 '이제 일본은 문명국가이니 미개한 나라를 식민지로 만들어도 된다'라고 허락했다는 뜻이다.

이제 일본은 누구의 눈치도 볼 필요가 없었다. 그나마 일본을 견제하던 미국도, 일본이 필리핀에서의 확고한 이권을 보장해 주자 대한제국의 침략을 허용한다. 1905년 11월 9일, 일본의 특명 전권 대사(나라를 대표해 다른 나라에 파견돼 외교를 맡는 최고 직급) 이토 히로부미가 한성으로 들어온다. 그러고는 고종을 찾아가 협약을 제안한다. 을사조약 체결이 눈앞으로 다가온 것이다.

고종은 이토의 조약안에 대해 "외부(외국과의 교섭이나 통상을 맡아보던 관아)에 정식으로 보낸다면 검토해 보겠다"라며 즉답을 피했다. 이후 이토는 대한제국 외부로 조약 초안을 정식으로 보냈고, 자신이 머물던 해우관에 대한제국의 내각 대신들을 부른다. 회유이자 협박을 위한 모임이었다. 이날 이완용은 "제안을 먼저 열람하고 타협의 길을 강구하겠다"라며 고종과 같이 즉답을 피했는데, 그 누구도 망국으로 향해가는 역사의 오점에 자신의 이름을 남기기는 싫었던 모양이다.

을사조약 직전, 고종과 이완용은 마지막 대화를 나눈다. 이때 고종은 "통감의 권한을 외교로 한정하고 황실 존엄을 중시하라"라고 주문한다. 그러고는 "대신들이 잘 처리하라. 그런데 인후통이 있어 직접 볼 수는 없다. 모양 좋게 협상하라"라며 한발 물러선 모습을 보인다. 나라가 망하기 직전까지 본인의 안위를 먼저 챙긴 것이다.

고종의 뜻을 대신들에게 전한 이완용은 조약 체결을 서두른다. 조선의 대신 중 한규설과 민영기가 반대했지만, 박제순, 이지용, 이근택, 이완용, 권중현이 찬성하면서 굴욕적인 을사조약이 체결된다. 이로써 대한제국은 외교권을 잃고, 일본의 보호국으로 전락한다. 일본의 강압에 의해 체결된 조약이었지만, 황제부터 대신까지 누구도 큰소리 한번 내지 않았다. 고종에게는 나라를 위해 순직할 의지가 털끝만큼도 없었다.

이미 늦어버린 것을 알면서도 가야만 했던 헤이그

대한제국에는 통감부(일제가 대한제국에 설치한 통치기구로, 1910년 8월 주권이 상실되기 직전까지 대한제국의 국정 전반을 장악했던 기구)가 들어섰고, 외교권을 대신 행사하기 시작했다. 이후 전국 각지에서는 의병이 불꽃처럼 일어났고, 주권 회복을 염원하며 자결하거나 을사오적을 비롯한 매국노 처단을 요구하는 목소리가 거셌다. 하지만 일본은 아랑곳하지 않고, 전국의 의병을 잔인하게 진압했다.

치욕의 세월을 보내던 1907년 6월, 네덜란드 헤이그에서 '제2회 만국 평화 회의'가 열린다는 소식이 들려온다. 국제 분쟁의 평화적 해결 방안을 마련하기 위해서였다. 이 소식을 듣고 설레기 시작한 고종은 베이징 주재 러시아 공사를 통해 만국 평화 회의에 대한제국 대표를 초청해 달라고 요청한다. 대한제국은 고종의 강력한 의지로 네덜란드로부터 초청장을 받아 만국 평화 회의의 12번째 초청국으로 이름을 올린다.

초청이 공식화되자 고종은 특사 파견 준비에 박차를 가한다. 이상설과 이준, 이위종을 비롯해 미국인 호머 헐버트를 특사로 임명해 헤이그에 파견한다. 고종은 헤이그 특사단에 "일본의 외교권 강탈로 대한제국과 열국의 우의가 단절"됐고, "일본이 공법을 어겨 능멸했으니 우리나라의 고난과 사정을 회의장에서 피력해 외교권을 회복하기 위해 특사를 파견한다"라는 내용의 신임장을 써주었다. 본인 안위에만 관심이 있던 고종의 의중이 갑자기 변화한 것과 관련해 신임장의 진위에 대해서는 여전히 의문이 남지만, 특사 3인은 이 신임장을 들고 헤이그로 출발한다.

당연히 헤이그 특사 파견은 일본에 엄청난 타격으로 돌아올지 모를 중대한 문제였다. 만약 대한제국이 정식으로 회의에 참석 가능할 경우, 을사조약 자체가 국제적으로 인정받지 못하거나 대한제국이

다시 독립국으로 공인받게 될 수도 있었다. 하지만 만약 대한제국 특사들이 회의장에 들어가더라도 제대로 된 대우를 받지 못한다면, 그 자체로 대한제국에 대한 일본의 권리가 국제 사회에서 공인되는 것이나 다름없었다. 그야말로 도박 같은 일이었다.

그러나 평화 회의의 의장국이던 러시아가 대한제국의 참가를 일본에 알린다. 일본은 현실적인 방법으로 대한제국의 평화 회의 참가를 무력화하려 했다. 바로 열강들 사이의 대화를 통해서였다. '힘으로 승부를 보면 그만'이라는, 당시의 세계정세를 정확히 읽은 일본의 약은 수법이었다.

한편 대한제국 특사단은 평화 회의가 개회된 지 10일 만에 겨우 헤이그에 도착했다. 파견 경비를 지원받지도 못해 애를 먹었고, 시베리아 횡단 열차를 타고 러시아와 스위스를 거쳐 늦게나마 도착할 수 있었다. 도착 후 특사단은 을사조약의 불법성을 고발하는 〈공고사〉를 (영국과 일본을 제외한) 평화 회의 참가국 전권 위원단에 발송했다.

이후 일본은 즉각 행동에 나선다. 각국의 주요 대표단을 만나 대한제국 특사의 의견을 수용하지 말아 달라고 요청하며, 대한제국 특사단의 노력을 무력화했다. 청일 전쟁과 러일 전쟁에 승리하며 국제 사회에서 끌어올린 일본의 위상은 생각보다 대단했다. 대한제국 특사단은 언론을 통해 을사조약의 불법성을 호소했지만, 이들에게 관심 가져준 열강의 언론은 소수에 불과했다.

결국 나라를 잃다

결국 대한제국 특사단은 끝내 회의 참석과 발언을 거부당한다. 이후 특사 중 한 명이던 이준이 현지에서 사망했고, 이상설과 이위종은 미국을 거쳐 러시아로 건너가야 했다. 통감부의 압박에 못 이긴 대한제국 법부가 이들에게 사형(이상설)과 종신형(이준, 이위종)을 선고했기 때문이다. 헤이그 특사 파견 시도는 허무하게도 실패로 끝난다.

이후 일본은 고종의 헤이그 특사 파견을 빌미로 대한제국에 대한 일본의 지배권을 강화해 나간다. 일본은 이를 '일본의 호의를 무시한 배신'이라고 규정했고, 열강의 면전에서 일본을 능욕한 일에 대한 책임을 운운하며 고종의 사과와 폐위를 요구한다. 결국 고종은 퇴위된다.

헤이그 특사 (왼쪽부터) 이준, 이상설, 이위종

1907년 7월 20일 덕수궁 중화전에서 고종의 양위식이 강행됐고, 일본은 대한제국과 '정미 7조약(대한제국 군대의 해산, 사법권의 위임, 경찰권의 위임, 관리 임명권 등을 일본에 넘긴 불평등 조약)'을 강제로 체결했다.

이제 남은 것은 단 하나, '국권'이었다. 일본은 1909년 7월 6일 내각 회의를 통해 대한제국의 병합을 확정한다. 이 와중에 대한제국의 고관들이던 이완용과 송병준은 서로 병합의 주역이 되기 위해 경쟁했다.

8월 22일, 일본군의 삼엄한 경비 속 창덕궁 흥복헌에서 내각 총리대신 이완용을 비롯한 여덟 명 친일파 대신들이 모여 '한일 병합 조약'을 체결한다. 대한제국, 아니 조선은 그렇게 역사 속으로 사라졌다.

그들이 봉오동과 청산리에서 싸운 이유

봉오동과 청산리에서의 전투가 얼마나 크고 위대한 승리였는지를 설명하는 것보다 더 중요한 것이 있다. 대체 일본군과 맞서 싸웠던 그들은 누구였는지, 그들이 싸워야만 했던 이유는 무엇인지, 왜 굳이 봉오동과 청산리에서 싸워야 했는지가 바로 그것이다.

나라가 망했다. 500여 년을 이어온 나라가 역사 속으로 사라졌다. 백성들은 갈 길을 잃었다. 누군가는 '누가 나라님이든 무슨 상관이야? 어차피 우린 가난했고 앞으로도 가난할 텐데'라고 생각했을지 모르겠다. 그런데 꼭 그렇지만은 않았다.

조선 거리에는 총을 찬 일본군이 가득했고, 학교에서는 선생님이 칼을 차고 수업했다. 조선인은 갑자기 집 주변이 더럽다는 이유로 헌병으로부터 매질을 당하기도 했는데, 이는 조선 태형령(조선인을 대상으로 태형을 가할 수 있도록 제정한 법령)으로 간주됐다.

식민지는 기본적으로 주권의 상실을 의미했다. 그렇기에 조선인들은 백성에서 국민으로, 국민에서 시민으로 나아가는 세계사적 흐름을 따라갈 수 없었고, 그저 조선 왕조의 백성에서 일본 제국주의의 식민지민으로 전락해 2등 국민으로 위치 지어졌다.

그러면서도 조선인은 강제 병합 이전부터 꾸준히 한반도 안팎에서 일본으로부터 나라를 지키기 위해 군사를 일으켰다. 을사조약을 받아들일 수 없었던 유생들은 짐을 챙겨 조선 땅을 떠났다. 1909년 안중근의 의거는 저항의 불씨를 타오르게 했다. 화룡점정으로 한일 강제 병합은 조국을 잃은 수많은 조선인이 조선 밖으로 향하게 했다. 그러던 와중에 일어난 1919년의 3.1 운동은 조선 밖 독립운동 세력에게도 엄청난 자극을 줬다. 청산리 전투, 봉오동 전투에서의 승전보들도 바로 이 시기 1920년대에 벌어진 일이다.

그런데 무장 투쟁에 관해 설명할 때면 '그래서 청산리 전투에서는 일본군 몇 명이 죽었다는 거야?' 같은 물음이 따른다. 그간 학계에서도 봉오동 전투와 청산리 전투에 대한 다양한 해석과 분석이 있었던 것은 사실이다. '대첩'으로 기록되던 싸움들은 '전투'라는 이름으로 다시 불리기 시작했고, 누군가는 독립군의 승리를 거짓된 승리라고 깎아내리기도 했다.

여기서는 독립군이 일본군 몇 명을 죽였는지, 그래서 얼마나 크고 위대한 승리를 거뒀는지에 대해 말하고 싶은 것이 아니다. 우리가 알아야 할 것은 일본군과 맞서 싸웠던 그들은 대체 누구인지, 그들이 싸워야만 했던 이유는 무엇인지, 하필 왜 봉오동과 청산리에서 싸워야 했는지에 대해서다.

간도로 가야 했던 조선의 독립운동가들

초대 조선 통감은 조선인 독립군에 의해 암살당했고, 초대 조선 총독은 부임과 동시에 암살 미수 사건을 겪었다. 일본 제국주의는 식민 지배를 받아들이지 못했던 조선인을 잔혹한 통치로 억압해야 했다. 일제의 폭력은 어쩌면 두려움의 발로였는지도 모른다. 무슨 이유에서건 이 폭력성은 1910년대에 극에 달한다.

하지만 엄혹했던 헌병의 감시 속에서도 독립운동은 끊이지 않았다. 일제의 감시망을 피해 비밀 결사의 형태로 독립운동을 전개한다거나 애국 계몽 운동의 일환으로 교육을 통한 독립을 꿈꾸며 민족 학교들이 설립되기도 했다. 평양의 대성 학교나 정주의 오산 학교가 대표적이었다.

그러나 서슬 퍼런 총독부의 억압 가운데 촘촘한 감시망을 피해 적극적인 투쟁을 벌이기는 힘들었다. 을미의병과 을사의병으로 불타올랐던 의병 활동은 극도로 위축됐고, 그나마 호남 지역의 독립의군부, 대구의 대한광복회 등이 일종의 무장 투쟁을 전개하려 했지만 곧 총독부에 발각되어 해체됐다.

국내에서 무장 투쟁할 수 없다면 국외에서 재조직하자는 '해외 독립운동 기지 건설론'이 다양한 조직들에서 이야기되기 시작했다. 이후 전국적인 한인 이주 계획이 비밀리에 추진됐는데, 이때 주목한 곳이 흔히 만주 간도라고 부르던 한반도 북쪽이었다.

이곳은 조선 북부 지방 사람들이 흉년이 나면 봉금령(중국 청나라 때 한인의 만주 이주를 금지한 법령)을 어기고 목숨 걸고 농사지으러 가던 땅이었다. 그래서 이름도 '간도墾島', 그러니까 '새로 개간한 섬'이라 불리기도 했고, 봉금을 어기고 도강渡江한 것을 숨기기 위해 강 사이의 섬을 다녀왔다는 뜻의 '간도艮島'라고도 불렸다. 어쨌거나 역사적으로 요동이라고 불리던 거대한 땅덩어리가 어느 시점에 만주라는 이름으로 불렸고, 그 땅 일부가 조선인들에 의해 개간되어 간도라고 불리게 됐다는 말이다.

아무튼 이곳에는 꽤 많은 조선인이 19세기 말부터 다양한 이유로 자리를 잡았다. 이 시기부터 독립운동 기지 건설론이 불같이 일어났고, 가장 적합한 지역으로 물망에 오른 곳이 바로 한반도 북쪽 땅이었다.

독립운동 기지 건설은 '독립 전쟁'을 위해 터를 잡는 과정이었다. 독립 전쟁이란 비단 무장 투쟁만을 의미하는 것은 아니다. 정치 · 외교 · 군사적 독립운동은 모두 독립을 위한 전쟁의 일환이었다. 그리고 중국의 분열, 열강 사이의 견제와 균형 때문에 딱 잘라 '누구의 땅'이라고 말하기 힘들었던 이 땅은 무장 세력을 양성하고 군비를 갖추기 가장 적합했다.

거기서도 눈에 띄었던 곳이 서간도다. 일본과 러시아가 제1차 세계대전을 전후로 부쩍 가까워졌기 때문이다. 러시아가 한인 독립운동 세력을 탄압하기 시작하면서 블라디보스토크를 중심으로 활동하던 독립운동가들은 거처를 옮겨야 했고, 각종 독립운동 단체가 해산됐다. 대안은 러시아와 일본의 영향력이 미치지 않는 땅이어야 했고, 그곳이 바로 서간도였다. 국내에서는 신민회를 중심으로, 국외에서는 연해주의 독립운동가들을 중심으로 서간도에 독립운동 기지를 건설해야 한다는 논의가 급진전하기 시작했다.

일본과의 전쟁을 준비했던 무관 학교 출신 독립군들

1911년, 의병 출신 이상룡을 주축으로 이시영, 이회영 등 유림 세력과 이장직, 이동녕 등 군인 출신이 중심이 되어 독립군을 양성하기 위한 기관인 신흥강습소(훗날 신흥 무관 학교)를 서간도에 설립한다. 1914년 가을부터는 봉천성 인근에 수천 명의 병력을 수용할 수 있는 백서 농장을 건설하기 시작했고, 서간도의 무관 학교는 독립운동의 중심으로 자리 잡게 된다.

신흥 무관 학교의 목표는 독립 전쟁을 치를 수 있는 독립군을 모집하는 것이었다. 학생 모집은 다양한 방법으로 이루어졌다. 우선 서간도 현지에서 한인 청년을 모집했고, 한편으로는 초기에 서간도로 이주해 온 세력들의 거점(특히 안동)을 통해 모집했다. 국내에 있던 청년들이 자발적으로 입교하는 경우도 있었다.

1914년을 기점으로 무관 학교의 학생 수는 100명 수준이었으나, 서간도로 이주하는 사람들이 점점 늘었고 인근 지역 한인 학교 수도 계속 늘어났다. 심지어 각 학교에서는 '상무 교육'이라는 이름으로 이미 학생들이 총을 들고 훈련했다. 이들과 함께한다면 독립군 양성에 날개를 달 수도 있었다. 바로 이때, 정확히는 1919년 3월에 식민지 조선에서 역사를 뒤흔든 거대한 항쟁이 벌어진다. 바로 3.1 운동이다.

3.1 운동이 일어나자 독립을 향한 열기는 불타올랐고, 신흥 무관 학교를 찾는 젊은이들의 발길이 잦아졌다. 신흥 무관 학교는 본격적인 독립군 양성을 위해 본거지를 만주의 유하현으로 옮기고, 본교 건물에서 교육을 시작했다. 곧 분교까지 설립하면서 독립군의 숫자도 더욱 늘어났다.

3.1 운동 직후 1920년까지 신흥 무관 학교는 1천여 명의 졸업생을 배출했고, 3천여 명의 독립군을 양성했다. 이들은 간도, 더 넓게는 만주와 연해주 일대에서 행해진 독립 전쟁의 지도자로 성장했고, 바로 1920년대에 피 터지는 독립 전쟁의 주인공이 된다.

승리했으나 결국
무장 투쟁의 침체를 가져온 두 전투

1920년대 이후 신흥 무관 학교를 졸업한 독립군들은 각지로 흩어져 독립군 부대를 결성했다. 그중 서간도의 서로군정서와 북간도의 북로군정서가 가장 대표적인 독립군 부대로, 이들은 모두 〈3.1 운동 이후 조직된) 대한민국 임시 정부 산하의 독립군 조직으로 재편된다. 당시 임시 정부는 각지에 흩어져 있던 독립군 부대들을 통일하고 재편하는 작업을 했는데, 바로 이때 '대한민국 육군 임시 군제'가 제정되기도 했다.

하지만 이 작업은 결코 쉬운 일이 아니었다. 이제 막 출발한 임시 정부는 드넓은 만주 지역에 흩어져 있던 독립군 단체를 통제할 재정적 능력이나 군사 전략적 능력이 없었다. 심지어 상해에 있던 탓에 만주의 조선인들을 완벽하게 장악하지도 못했다. 이때 임시 정부의 위상은 지금 우리가 생각하는 수준이 아니었고, 그렇기에 각 독립단체를 인정하면서도 임시 정부에 일정하게 귀속된다는 의미로 '서署'라는 표현을 사용했다(서로군정서와 북로군정서 등에서의 '서'가 바로 이러한 일환의 표현이다).

이 와중에 봉오동 전투가 벌어진다. 봉오동 전투를 지휘한 홍범도와 휘하의 독립군은 조금 특이한 이력을 가진 이들이었다. 원래 의병 출신 홍범도가 이끌던 독립군 부대는 따로 이름을 갖추지 않은 채 활동하던 일종의 개별 독립군 조직이었다. 이들은 함경도 인근에서 활동하고 두만강 국경을 오가면서 일본군과 여러 차례 전투를 벌이며 무장 투쟁을 했다.

그러던 그들은 주변의 독립군 부대를 통일한 대한북로독군부에 소속돼 활동하기 시작했고, 독립군 부대를 재편하던 임시 정부와 인연을 맺는다. 그리고 그 인연의 첫 결과가 바로 봉오동 전투였다. 봉오동 전투는 파편화된 별개 독립군 부대를 임시 정부라는 시스템 안에서 재조직하려는 노력의 산물이었다는 점에서 중요하다.

이미 봉오동 전투 직전에 북간도와 연해주를 아우르는 거대한 독립군 단체가 대한북로독군부로 통일됐고, 600여 명이 넘는 독립군이 어엿한 군부대의 모습으로 위용을 갖추어 나갔다. 1920년 6월, 대한북로독군부는 삼둔자 전투에서 일본군을 상대로 승리를 거둔다. 그리고 얼마 뒤 강을 건너 독립군을 추격해 오던 일본군을 격파함으로써 봉오동을 지켜낸다.

이렇게만 이야기하면 아름다운 이야기로 마무리될 것 같지만, 독립군의 역사는 그리 평탄하지 못했다. 봉오동 전투 이후 대한북로독군부는 다시 원래의 개별 조직들로 갈라진다. 전투 과정에서 급하게 뭉쳐야 했던 부대 간의 지휘 체계가 무너졌고, 결과적으로 독립군도 엄청난 타격을 입었다. 이 와중에 봉오동 전투의 승전보가 국내외에 알려지면서 홍범도라는 인물은 일약 독립운동계의 스타로 발돋움한다.

봉오동 전투를 주도한 홍범도 장군

반면 전투에서 패배한 일본군은 만주 지역에서 활동하던 조선인 독립군을 어떻게든 토벌해야 했다. 그러나 중국이 적극적으로 독립군 색출에 협조하지 않자, 일본은 1920년 10월

훈춘 사건(중국 마적단을 매수해 훈춘에 있는 일본영사관을 습격한 사건)을 조작한다. 이 사건을 빌미로 일본군은 독립군을 박멸하겠다는 이유를 들어 만주에 대규모 병력을 보낸다.

어쩔 수 없이 만주의 중국 군벌 세력과 나름 타협적인 관계를 맺으며 견디던 독립군들이 바빠지기 시작했다. 1920년 10월, 김좌진과 이범석의 북로군정서 그리고 서로군정서가 합류했고, 청산리에 도착했다. 때마침 부근에 있던 홍범도와 휘하 독립군들도 함께 만나 협의를 시작한다. 문제는 일본군과 싸울 것인가 아니면 싸움을 피할 것인가였다. 인근의 독립군들이 상당수 모였지만, 일본군의 위세는 훨씬 강력했다. 게다가 봉오동 전투에서 지휘 체계의 한계를 느낀 이후였다.

청산리 전투를 이끈 북로군정서

하지만 얼마 뒤 더 이상 일본군과의 일전을 피할 수 없다고 판단한 북로군정서는 청산리 일대의 산악 지대에서 전투를 벌이기로 마음먹는다. 이들은 청산리 일대에 이미 정착해 있던 대종교 신도를 중심으로, 조선인 화전민들의 도움을 받으며 유리한 지형을 선점하고 전투를 벌였다. 선제적으로 일본군을 교란하고 다시 공격해 오는 일본군을 방어해 낸 독립군들은 일본군이 증원되기 전에 철수를 감행한다. 이 과정에서도 전투가 벌어졌지만, 일본군의 포위망을 피해 소련으로 피신할 수 있었다.

어찌 보면 청산리 전투는 독립군의 승리였다. 하지만 봉오동 전투와 마찬가지로 전략적인 한계를 많이 노출한 전투이기도 했다. 두 전투를 끝으로 독립군은 만주에서 밀려나 소련으로 근거지를 옮겨야 했고, 뭉치는 듯 보였던 독립군 부대들은 서로 간의 입장 차이를 좁히지 못한 채 다시 갈라선다. 임시 정부는 이후 10년이 넘는 기간 동안 독자적인 군사 조직을 제대로 갖출 수 없었다.

한때 '대첩'이라고 표현되기도 했던 이 전투들은 그 표현이 무색하게도, 이후 독립군의 무장 투쟁에 침체를 가져온다. 심지어 피신했던 소련의 자유시에서 일제의 압박을 받은 소련군과 정치적으로 대립하면서 서로의 총에 수백 명의 독립군이 무참히 살해되기까지 한다. 이른바 자유시 참변(1921년 러시아령 자유시에서 한국 독립군 부대와 러시아 적군이 교전을 벌인 사건)이 일어난 것이다.

“적은 조선인이다. 모두 죽여라”

애초에 왜 조선인은 죽음을 무릅쓰고 일본으로 갔을까? 농민은 농토를 잃었고, 노동자들은 일자리를 잃었기 때문이다. 때마침 일본은 조선을 식민화하고 빠르게 제국으로 성장하면서, 염가의 노동자들을 필요로 하게 됐다. 조선에서 살기 힘들어진 조선인들이 생존을 위해 일본으로 건너갔지만, 그곳에는 죽음보다 더 한 고통이 기다리고 있었다.

잠시 이 책의 시곗바늘을 1945년 8월 15일로 돌려보자. 일본에 있던 (이제 곧 한국인이라 불릴) 조선인들이 시모노세키항과 하카타항을 통해 해방된 조국으로 돌아오는 배에 올랐다. 귀국은 생각보다 쉬운 결정이 아니었다. 배편이 많은 것도 아니었고, 1인당 현금 1천 엔 이내만 지참해야 한다는 제한도 귀국을 막는 요인이었다. 심지어 부산으로 향하던 배가 알 수 없는 이유로 폭발해 수천 명이 사망하거나 실종되는 사건까지 벌어졌다.

그런데도 해방 이후부터 한국 전쟁 이전까지 일본에서의 귀국자

수는 약 140만 명에 달했다. 수많은 한국인이 재산을 포기하고 죽음의 위협을 감수하면서까지 조국에서의 삶을 선택했다. 왜 다시 돌아왔을까? 이에 대한 대답으로 "고향이어서"와 같은 감정적인 대답보다는, "살기 위해서"라는 본질적인 답변이 더 어울린다.

식민지 시기, 조선인으로 일본 본토에서 살아간다는 것은 목숨을 건 생존 투쟁의 과정이었다. 강도 높은 노동 환경과 값싼 임금, 사회적 멸시와 차별도 물론 존재했다. 하지만 그것은 죽을 것 같은 힘듦이었지, 진짜 죽음은 아니었다. 이 시기 재일 조선인은 실재하는 죽음 앞에 놓인 존재였다.

그런데 왜 애초에 조선인은 죽음을 무릅쓰고 일본으로 간 것일까. 조선인의 본격적인 일본 이주는 식민지화가 진행되는 과정, 정확히는 토지 조사 사업과 산미 증식 계획 등 일제의 조선 수탈이 본격화되는 과정에서 시작됐다. 이유는 단순했다. 농민이 농토를 잃었고, 노동자들은 일자리를 잃었기 때문이었다. 때마침 일본은 조선을 식민화하며 빠르게 제국으로 성장했고, 제1차 세계대전의 승전국이 됐으며, 덕분에 토목 공사가 늘어나 염가로 일해 줄 조선인 노동자들이 필요했다.

재일 조선인 대부분은 잡부나 일용직 노동자와 같은 하층 노동자로 살아가거나 탄광 노동자와 같은 위험한 일을 일본인 대신 도맡았다. 일본인과 같은 일을 해도 임금은 일본인 노동자의 절반 이하 수준이었고, 그렇게 번 돈마저 대부분은 조선에 있는 가족들에게 송금해야 했다. 상황이 이렇다 보니 늘 돈이 부족했던 조선인들은 열악한 거주 환경에서 생활해야 했다.

1911년, 약 2,500명에 불과했던 재일 조선인은 점점 늘어나 1920년에 3만 명을 넘어선다. 늘어나는 조선인 노동자들을 감당하기 버거워진 일본은 도일渡日 정책을 새롭게 수립하면서 조선인의 일본 이주를 통제하기 시작했고, 그 결과 1923년에는 도항 증명제(증명서를 발급받아야 일본과 조선을 배로 오갈 수 있게 한 제도)를 실시했다. 이런 상황에서 재일 조선인에게 공포가 실체화된 사건이 터진다. 바로 1923년에 벌어진 간토 대학살이다.

"누군가 우물에 독을 탔다"

1923년 9월 1일, 일본 간토와 시즈오카 야마나시현에 8분여간 진도 7 이상의 대지진이 일어났다. 최소 10만여 명이 사망하거나 실종됐고, 20만 채가 넘는 가옥이 완파되거나 부서졌다. 그야말로 일본의 간토 지방이 완전히 무너져 내렸다.

이 과정에서 적게는 6천여 명, 많게는 수만의 조선인이 일본인 자경단과 군·경에 의해 학살당한다. 왜 지진이라는 자연재해 속에서 조선인을 향한 극악무도한 학살이 벌어졌던 것일까?

단지 조선보다 빠르게 근대화됐다는 이유 하나로, 19세기 말 시점에서부터 일본인들은 조선인을 미개하거나 야만적인 존재로 인식했다. '얼마나 무시했기에 학살까지?'라고 생각할지도 모르겠다. 맞는 말이다. 멸시는 기저에 깔린 배경이었을 뿐 학살은 일본 정부에 의해 의도적이고 조직적으로 자행됐다. 그러나 일본인들에게 뿌리박힌 왜곡된 정서가 없었다면 대규모 학살은 이루어질 수 없었다.

강화도 조약 이후, 일본인들은 상업 활동을 위해 조선에 방문하거나 체류하기 시작했다. 조선에서도 일본으로 건너간 조선인들이 늘어나면서 19세기 말에는 두 집단 간의 접촉이 활발해진다. 임진왜란 이후 수백 년 만에 이루어진 이질적 집단의 조우였다.

그런데 이 조우 과정에서 일본인들은 조선인에 대한 멸시를 내재화한다. 당시 문명화됐다고 자부하는 일본인에게 조선인은 그저 야만적인 구습을 벗어나지 못한 비非문명인에 불과했다. 일본인이 바라본 조선인은 나태하고, 불결하며, 비굴하고, 야만적인 데다 신의가

간토대지진으로 인한 피해 상황

없고, 거짓말을 잘해 믿을 수 없었다.

이러한 일본인의 시선은 러일 전쟁에서의 승리 후 통감 통치의 정당성을 부여하는 데 제대로 발휘됐다. 조선에 대한 일본 제국주의의 식민 지배는 그저 가엾은 조선인을 위한 희생이자 온정을 베푸는 행위였다.

하지만 일본이 조선을 강제 병합한 후 조선인을 향한 멸시적 시선에 새로운 인식이 덧붙여진다. 바로 조선인은 위험하다는 생각이었다. 주지하다시피 많은 수의 조선인은 일본의 식민 지배를 그대로 받아들이지 않았다. 을사조약 이후 의병이 들불같이 일어났고, 1909년에는 초대 통감 이토 히로부미를 암살하는 일도 벌어진다.

일본인 통치자들의 머릿속을 장악한 위험 신호는 무단 통치라는 폭력적인 지배 형태로 이어진다. 그러다 일본의 폭력적 통치에 저항한 전 민족적 항쟁, 3.1 운동이 벌어진다. 이제 조선인은 단순한 멸시의 대상이 아닌 적대적인 존재가 되어버린 것이다.

이 시선은 재일 조선인을 바라보는 본토 일본인들에게도 영향을 미쳤다. 야만스럽고 폭력적인 조선인에 대한 차별은 더욱 노골화됐고, 조선인은 유사시에 '죽어도 싼' 인간들로 매도되어 갔다.

혼란을 덮기 위해 적이 필요했던 제국주의자들

이때 벌어진 자연재해가 간토대지진이었다. 지진이 발생한 직후 "조선인이 우물이 독을 탔다"라는 유언비어가 빠르게 일본 사회에 퍼졌다. 우물에 독을 탔다는 작은 거짓은 자연재해를 틈타 조선인들이 일본인을 집단으로 폭행하고 약탈하거나 심지어 폭탄을 던지거나 부녀자를 겁탈하고 있다는 소문으로까지 번졌다. 소문은 곧 일본 언론사들의 근거 없는 보도로 이어졌고, 지진 이틀 뒤 조선인을 불령선인(不逞鮮人, 불온하고 불량한 조선 사람)으로 낙인찍는 기사가 1면으로 보도되기에 이른다.

한편 도쿄를 비롯한 간토 지방이 그야말로 폭삭 주저앉자, 일본의 내무대신 미즈노 렌타로와 경시총감 아카이케 아쓰시는 대책을 논의한다. 이들은 각각 조선 총독부 정무총감과 경무국장을 역임하면서 3.1 운동을 직접 눈으로 본 인물들이었다. '위험한 조선인'을 통제하기 위해 이들은 계엄령을 시행하고, 군대를 파견했다. 그런데 군대의 파견과 계엄령 시행 그 자체가 일본인들의 불안감을 더욱 가중시켰다.

조선인에 관한 유언비어가 급속도로 퍼져나가자 일제 당국은 '조선인 대책 문제'를 협의한다. 하지만 협의가 진행되는 와중에 이미 일본인들은 스스로 자경단을 만들어 칼과 창, 쇠갈고리 등으로 무장하고 불법적으로 사람들을 검문하기 시작했다. 그렇게 일본인 자경단원들에 의해 조선인을 향한 집단 학살이 벌어졌다.

자경단에서부터 시작된 조선인 학살은 사실상 일본 치안당국의 묵인과 협조 속에서 이루어졌다. 경찰과 자경단은 사회사업을 주도하는 파트너로서 관계를 맺고 있었고, 경찰은 실질적으로 청년회 등의 자체 조직을 관리하는 업무를 맡고 있었기 때문이다.

학살은 잔인했다. "조선인을 죽여라!"라는 목소리가 곳곳에 울려 퍼졌고, 피투성이가 된 채 두들겨 맞는 조선인들이 길거리에 가득했다. 조선식 복장을 하거나 일본어가 서툴면 잡아 세워서 때리거나 칼

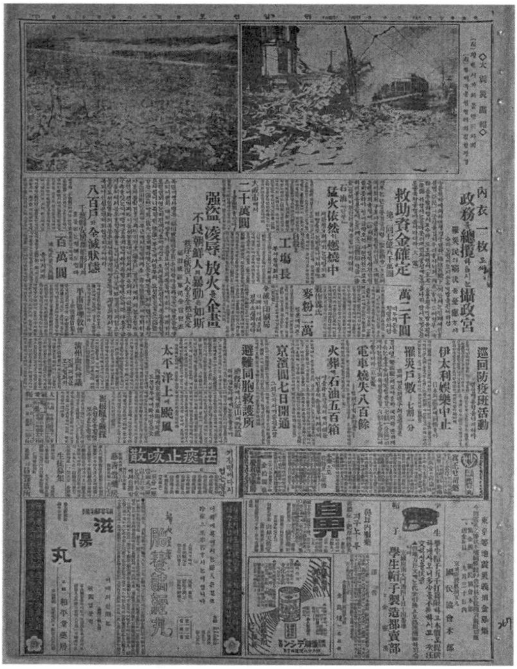

內衣一枚로써 政務를總攬하시는攝政宮

救助資金確定

萬二千圓

猛火依然히燃燒中

工場長

麥粉一萬

二十萬圓

強盜, 凌辱, 放火를企畫

不良朝鮮人의暴動은如斯

八百戶가全滅狀態

百萬圓

巡回防疫班活動

伊太利娛樂中止

罹災戶數

電車燒失八百餘

火葬과石油五百箱

京濱間七日開通

避難同胞救護所

太平洋上에颱風

祛痰止咳散

1923년 9월 10일자 〈매일신보〉, "간토대지진 당시 조선인들이 폭동을 조장하고 있다"는 보도

로 베거나 총으로 쏴 죽였다. 기름을 부어 죽이거나 장작불로 화형식을 하기도 했고 밧줄로 묶어 강에 던지기도 했다.

살기 위해 경찰서 유치장으로까지 피신한 조선인도 있었지만, 유치장도 안전하지 않았다. 자경단이 경찰서 유치장 안으로 난입해 학살했기 때문이다. 간토 지역 곳곳은 조선인의 붉은 피로 물들어갔다.

이 학살 과정에서 재일 조선인 자체 조직인 상애회가 활동한 내용도 안타까운 부분이다. 상애회는 일본으로 건너온 조선인을 상대로 직장을 소개해 주고 숙박업소를 알선해 주던 단체로, 처음부터 조선총독부의 지도 아래 출발했다. 즉, 내선융화의 큰 뜻을 위해 조직된 총독부 어용 단체였던 것이다.

상애회 회원들은 지진 후 시체 처리 작업을 담당했다. 이 활동은 '조선인들이 헌신적으로 공익을 위해 노력한 것'으로 포장됐고, 자경단이 학살한 조선인이 불량선인에 불과했음을 스스로 증명하는 꼴로 만들었다. 이후 상애회는 대학살 이후 사회봉사 활동에 참여했다는 명목으로 조선 총독부로부터 보조금을 받아 도쿄 600평 땅에 건물을 올린다.

그럼에도 불구하고
다시 일본으로 가야 한다

대규모 학살이 벌어졌지만 진상과 실체는 제대로 파악되지 못했고, 식민지 조선에 소식이 전해지지도 못했다. 특히 지진 초기, 관련 보도는 조선 총독부의 언론 통제로 제대로 전해지지 못했고 기껏 해야 지진으로 인한 조선인들의 생사를 염려하는 정도로만 소식이 전해졌을 뿐이었다. 시간이 지난 뒤 학살에서 살아남은 조선인들이 귀국하여 이에 대한 이야기를 전했고, 조선에서도 학살의 진상이 전달되기 시작했다. 그리고 이후 조선인들의 일본행은 목숨을 건 이주로 변화했다. 사회적 차별을 넘어 죽을지도 모른다는 불안감이 싹트기 시작한 것이다.

그런데 1929년 미국발 세계 대공황으로 경제가 무너지면서, 조선도 영향을 받는다. 무너진 조선의 경제 상황으로 인해 다시 일본으로의 취업을 위한 이주가 늘어, 1930년대에는 이주민 숫자가 30만 명을 상회한다. 늘어난 재일 조선인은 하천 제방과 같은 열악한 환경, 즉 일본인이 차마 살 수 없는 곳에 움집이나 판잣집을 짓고 살아야 했다.

다시 시간이 흘러 1930년 후반, 일본의 중국 침략이 본격화되면서 중일 전쟁이 시작됐고, 1938년 국가총동원법, 1939년 국민징용령이 공포되면서 조선인에 대한 강제 징용이 시작됐다.

강제 징용에 의해 일본의 탄광이나 광산 군수 공장 등에서 노동해야 했던 재일 조선인만 100만 명 이상이었다. 식민지 조선인들은 일본에서 학살 대신 학살에 준하는 고강도 강제 노동을 만난다. 식민지의 민낯은 이렇게나 낯 뜨거웠다.

폭력과 혐오는 다시 폭력과 혐오를 낳았다

급격한 세계사의 변화 속에서 조선인에게 중국인은 '야만' 그 자체였고, 이를 향한 감정은 '혐오'였다. 혐오 감정이 노골화된 대표적인 사건이 바로 '배화 폭동'이라 불리는 반중국인 폭력 사태다. 우리가 반성하고 넘어서야 할 것 중에는 우리가 행한 혐오와 폭력도 있게 마련이다. 왜 이런 일이 벌어졌고, 그 결과 지금의 우리는 어떤 영향을 받게 되었을까?

조선인이 언제나 일본인의 아래에 존재해야 했던 그 시절, 약자였던 조선인은 곧 더 약자를 찾아나섰다. 바로 중국인이었다. 일본 제국주의가 만든 '중국인은 열등하고 미개한 국민'이라는 프로파간다를 등에 업고, 중국인은 조선인에게 '짱개'가 됐다.

성숙하지 못했던 역사의 민낯을 들여다보는 것은 어쩌면 참으로 슬픈 일이다. 하지만 있는 그대로의 모습을 받아들일 때, 우리 사회는 한 단계 더 성장할 수 있다. 어쩌면 그것이 용기이고, 이 글은 우리 사회가 용기를 내기 위해 필요한 짧은 단상일지도 모르겠다.

생각해 보면 이 변화는 드라마틱했다. 고작 수십 년 전까지만 해도 조선이 중국인을 하대할 거라고는 생각하기 어려웠기 때문이다. 모두가 알다시피 근대 이전 중국은 세계를 주름잡던 나라였다. 중원을 장악한 제국이 곧 '형님'이던 시절이 수천 년간 이어졌다. 중국은 단순히 외교적 언사로서의 형님 나라가 아니었다. 모든 문화의 중심이며, 유행의 선봉이었다. 조선인에게 중국은 따라가야만 하는, 선진 그 자체였다.

19세기, 서구식 근대화에 빠르게 발맞추지 못한 중국은 무너졌다. 중국은 구태가 됐고, 조선에서 중국을 따르는 이들은 조선 독립을 방해하는, 뒤떨어진 구악舊惡으로 치부됐다. 그러나 중국은 무너지는 와중에도 조선을 쉽게 놔주지 않았고, 근대 서양 제국의 조약 체결 형식을 모방해 조선을 종속하려 했다. 그러나 일본은 이를 지켜보고만 있지 않았다. 중국은 전쟁에서 일본에 처절하게 패배했고, 얼마 뒤인 1910년 조선은 일본에 강제 병합된다.

급격한 세계사적 변화 속에서 새롭게 바라본 중국인을 향한 조선인의 감정은 혐오였다. 근대라는 새로운 세상 속에서 중국인은 조선인에게 야만이었다. 어쩌면 일본과 상대적 우월 의식을 공유했다고도 볼 수 있다. 문제는 노동 시장에서 조선인들이 이 중국인들과 경쟁해야 했다는 점이다. 중국인들이 값싼 임금으로 노동 시장을 잠식해 가자 조선인은 박탈감을 느낀다.

이때의 박탈감과 혐오는 비인도적인 테러와 학살로 이어진다. 그리고 중국인에 대한 혐오 감정이 노골화된 가장 대표적인 사건이 바로 배화 폭동으로 불리는 반중국인 폭력 사태다.

우리는 이 찝찝하고 슬픈 역사를 반드시 기억해야 한다. 우리가 가한 혐오와 폭력도 결국 비판하고 넘어서야 할 많은 것 중 하나이기 때문이다.

무너진 조선 경제에 싼값으로 넘어온 중국인 노동자들

19세기 이후 중국인(정확히는 청나라인)은 다양한 군사적, 상업적이유로 조선 땅에서 살기 시작했다. 특히 조청상민수륙무역장정이 체결되자 본격적으로 조선에서 장사하기 위해 들어온 청나라 상인들이 넘쳐나기 시작했다. 중국은 청일 전쟁의 패배로 조선에서 패권을 잃었지만, 청나라 상인들은 조선에 남아 장사를 이어갔다.

하지만 근대라는 괴물이 만들어낸 새로운 국제 관계는 냉정했다. 조선에 남은 청나라 상인들은 곧 일본 상인들에게 밀려나기 시작했다. 게다가 한일 강제 병합으로 조선은 일본의 식민지가 됐고, 1911년 신해혁명으로 청나라가 망하자 서로의 관계는 재정립되어야만 했다.

당연히 조선 총독부는 일본 상인을 보호하기 위해 중국 상인들을 견제했다. 양국의 상인들은 대부분 조선에서 면직물을 판매했는데, 조선 총독부가 중국에서 넘어오는 영국제 면직물에 높은 관세를 붙여버린다. 자연스럽게 일본 상인들이 점차 조선 시장을 독점한다. 그때 중국에서 식민지 조선으로 넘어오는 사람들의 성격이 변화한다. 상인에서 노동자로 말이다.

한편 식민지 조선은 경성과 개항장을 중심으로 도시화가 진행됐다. 도시가 만들어짐과 동시에 농촌은 쇠락해 갔다. 농토를 잃은 농민들은 산업화가 진행되는 도시로 몰려들었지만, 제대로 성장할 수 없었던 도시의 일자리는 한정적이었고 하층 노동자들은 일자리를 두고 갈등했다.

제1차 세계대전으로 군수 물자를 공급하기 바빴던 식민지 경제는 잠깐 호황을 맞았지만, 1920년대로 접어들면서 경제는 악화 일로를 걸었다. 누군가는 일본으로 떠났고, 누군가는 남아 살기 위해 도시로 떠났다. 실업률은 치솟았고 안정된 직업을 가진 조선인은 손에 꼽혔다. 치솟은 물가에 비해 임금은 턱없이 부족한 수준이었으며, 도시에서의 생활은 점점 더 궁핍해졌다.

무너진 경제로 조선인들이 생존을 위협받던 그때, 값싼 임금을 무기로 조선의 도시에 물밀듯이 밀고 들어온 이들이 있었으니 바로 중국인이었다. 식민 당국은 1910년대까지 조선인들의 생업 유지를 핑계로 중국인 노동자 입국을 제한해 왔다. 하지만 1920년대가 되자 기존의 중국인 이주 정책을 수정한다. 싼 가격의 노동력이 필요했기 때문이다.

거기에 더해 중국 내의 복잡한 사정도 중국인의 조선 이주를 부추겼다. 당시 중국은 지역마다 내전을 벌이는 상황이었고, 국토는 찢겨

나가 농민들은 먹고살 길이 막막했다. 여기에 또 하나, 일본에서의 상황도 한몫했다. 간토 대학살 때 조선인뿐 아니라 중국인도 엄청나게 사망하여, 중국인들 또한 일본에서 목숨을 걸고 이주할 수밖에 없었던 것이다.

중국인에게 일본을 대체할 훌륭한 이주처는 조선이었다. 무엇보다 가까웠다. 중국과 한국은 북쪽으로는 육로가 붙어 있었고, 한반도의 서부 해안과 중국의 산둥반도는 해로를 통해서도 멀지 않았다. 그렇게 중국인 노동자들은 신의주와 안동을 잇는 철교를 통하거나 여름에는 배를 타고, 겨울에는 얼어붙은 강 위를 걸어 조선으로 들어왔다. 일종의 무허가 입국으로 말이다.

1921년부터 1927년까지 조선에 거주하는 중국인의 숫자는 2만 명에서 5만 명으로 급증했고, 1930년대에는 7만 명을 넘어섰다. 1931년 조선 공장 노동자 중 조선인 노동자가 85.7%, 일본인 노동자가 9.4%, 중국인 노동자가 4.9%를 차지했다. 토목이나 건축 업장의 노동자는 중국인 노동자의 비율이 더욱 높아 13.3%까지 치솟는다. 자본가들은 응당 값싼 중국인 노동자를 선호했다. 곧 중국인 노동자는 조선 하층민들의 노동권을 위협하는 존재로 각인된다.

"우리는 중국인이 싫습니다"

조선 언론들은 중국인 노동자가 조선인의 일자리를 빼앗고 있다며 목소리를 높였다. 조선인들의 불만이 높아지자 식민 당국도 가만히 있을 수는 없었다. 특정 사업장에 중국인 노동자의 수가 삼분의 일 이상을 넘지 않도록 한다거나 아예 중국인 노동자에 대한 입국 제한을 논의하기도 했다.

하지만 규제는 허울뿐이었다. 사실 식민 당국도 굳이 적극적으로 중국인 노동자를 막아야 할 이유를 찾지 못했다. 어려운 경제 상황에도 공장을 굴릴 노동력은 필요했고, 조선인 노동자들의 임금을 깎을 수도 없는 노릇이었다. 게다가 일본 본토는 저렴한 조선인 노동자가 채워주고 있으니, 중국인 노동자가 조선에 들어오는 것은 큰 문제가 되지 않았다. 문제의 핵심에는 이렇듯 일본 제국주의의 식민 지배가 있었다.

제국과 식민지 사이의 왜곡된 경제 체제가 본질적 문제였지만, 당시 언론은 오히려 조선인과 중국인 노동자 간의 대립을 부추겼다. 문제의 핵심이자 가장 큰 적이었던 식민 당국은 비판의 대상에서 벗어났고, 중국인 노동자가 대신 식민지의 적으로 지목된다.

"흉악한 중국인", "가증스러운 중국인", "수상한 중국인", "무도無道한 중국인", "잔인한 중국인" 등 중국인을 비방하고, 심지어 악마화하는 표현이 언론사를 가리지 않고 등장했다. 〈조선일보〉와 〈동아일보〉는 물론 조선 총독부 기관지였던 〈매일신보〉도 마찬가지였다.

전국으로 번진 혐중 감정

서로 간의 갈등이 폭발한 것은 의외로 만주에서였다. 일본의 대륙 침략은 결코 조선에서 끝나지 않았다. 청일 전쟁 이후, 만주를 비롯한 중국으로의 일본 진출이 가시화되고 있었고, 1920년대에는 '만몽 정책(만주와 몽골을 아우르는 정책)'이라는 이름으로 더욱 본격화된다. 이때 일본은 재만주 조선인을 일본 거류민(남의 나라 영토에 머물러 사는 사람)으로 포장하며 만주에서의 영향력을 넓혀나간다.

그런데 만주의 이권을 획득하는 과정에서 일부 조선인들에게 주어진 일본의 '보호'는 달콤하기도 했다. 당시 중국 동북 지방을 장악하고 있던 중국 군벌 세력에게는 일본뿐 아니라 재만주 조선인도 부담스러운 존재였다. 그러던 1927년, 만주 지역의 중국인들을 중심으로 일본 배척 운동이 일어났고, 배척의 대상에는 분명 조선인도 포함되었다. 이후 중국인들은 재만주 조선인을 향해 귀화 압박을 하거나, 토지 임대차 계약을 파기해 농사 자체를 방해하는 등 강압적인 모습을 보였다.

조선 언론은 이러한 일련의 만주 지역 사태를 자극적으로 보도한다. 언론에서 불을 지피자 전국 각지의 청년 단체들은 '재만동포옹호동맹'을 결성하여 규탄 대회를 열었고, 재조선 중국인들의 상점을 테러하거나 중국인들을 구타하는 일이 벌어지기 시작했다.

재조선 중국인들의 피해는 전국에서 발생했다. 특히 중국인 노동자들이 집중적으로 살고 있던 도시에서는 그 피해가 더욱 심각했다. 당시 조선 주재 중국 총영사는 조선 총독부에 재조선 중국인들을 보호해 줄 것을 요청한다. 하지만 문제는 해결되지 못한 채 번져나갔다.

특히 인천에서는 (현재의 차이나타운 인근을 중심으로) 중국인들이 형성한 상권이 제법 컸는데, 이곳을 중심으로 상점 습격과 폭행 사건이 연일 이어졌다. 많게는 1천에서 3천여 명의 무리를 형성한 조선인들이 무기를 들고 중국인들이 집중적으로 영업하는 곳을 공격하는가 하면 산발적으로 중국인 노동자와 농민들을 공격했다. 하지만 조선 총독부는 사건의 원인을 재만주 조선인에 대한 중국의 탄압으로 돌린 채 책임을 회피한다. 그리고 4년 후 1931년, 엄청난 규모의 폭력 사태가 전국적으로 벌어진다.

만보산 사건의 배경이 된 관개 수로

을과 을의 싸움

1931년 7월, 만주 길림성 장춘현 만보산에서 농사를 위해 수로를 파려던 조선인과 이를 막으려는 중국 농민들 사이에서 충돌이 일어났다. 사건이 벌어진 곳은 일본 자금으로 농토를 경작하던 중국인이 정부 승인 없이 조선인에게 조차(삯을 물기로 하고 집이나 땅 따위를 빌림) 계약을 체결하며 넘긴 땅이었다. 계약을 체결한 조선인들은 이곳으로 몰려들었고, 농사를 위해 수로 공사를 했다. 문제는 이 수로로 인해 중국인들의 농지가 피해를 보았다는 것이다.

서로 감정이 상할 대로 상한 어느 날, 중국인 농민 400여 명이 수로를 매몰해 버린다. 조선인과 중국인이 부딪히자 일본 영사관 소속 경관들은 중국인 농민들을 진압했고, 중국 정부는 이에 강경한 태도를 보인다. 그런데 일본 정부는 방관할 뿐이었다.

그런데 사건은 엉뚱한 방향으로 흘러 새로운 사건을 만들었다. "재만주 한인들이 중국 당국의 탄압을 받아 희생자가 발생했다"라는 오보가 언론을 통해 전국적으로 뿌려진 것이다. 쌓여 있던 감정이 폭발한 조선인들은 전국적으로 들고 일어나 중국인들을 상대로 엄청난 폭력을 행사한다. 배화 폭동(화교를 배척한다는 폭동)이 시작된 것이다.

이 폭동은 4년 전 인천에서 벌어진 사건과 규모나 형태를 달리했다. 아니, 달라졌다기보다 잔혹해졌다고 표현하는 것이 맞겠다. 단순 구타는 살인으로 이어졌고, 상점가를 중심으로 벌어지던 집단 테러도 중국인 하층 노동자에게로 옮겨갔다. 시내에서 시작된 폭력은 도시 주변의 토목 사업장, 탄광 등으로 번져나갔는데, 슬프게도 폭동의 가해자들 또한 하급 노동을 하거나 실업 상태에 있던 도시 하층민이었다.

피해 규모는 (통계에 따라 다르지만) 사망자 100~140여 명, 부상자 500여 명, 실종자 90여 명 수준이었다. 또 각 영사관에 수용을 요청하며 피난온 중국인들만 16,800명에 달했고, 절취나 폭행, 협박 등의 사건만 1천 여건이 훌쩍 넘었다. 사건은 13개도 전 지역에서 광범위하게 일어났는데, 짧은 시간 벌어진 엄청난 폭력이었다.

1931년에 벌어진 중국인 노동자 학살은 결국 '을'과 '을' 싸움이었다. 학살의 주체였던 조선인 노동자들도 일자리를 찾아 먹고살아야 했고, 중국인 노동자들도 마찬가지였다. 먹고살기 힘들었던 두 주

1931년, 폭동으로 초토화된 평양의 화교 거리

체가 '갑'의 방관과 무시 속에서 사건을 일으킨 것이다. 거기에 혐오를 키워온 언론사의 분노 조장도 분명 한몫했다.

이 학살을 그저 순진한 조선인 노동자들이 '갑'에 속아 터뜨린 분노 정도로 정리할 수 있을까? 이유 여하를 막론하고 이 사건은 조선인들이 벌인 타민족을 향한 학살이었다. 사건의 본질과 시대적 상황을 아무리 설명한다고 해도 누군가에게는 그저 핑계일 뿐이다. 이 슬픔이 왜곡되어 또다시 분노와 혐오로 이어지지 않게 하는 것이 역사의 역할이지 않을까?

위기의 독립운동을 극복하기 위한 최후의 방법

이제 독립운동의 위기를 극복할 수 있는 방법은 한국과 중국이 관계를 단단히 하고 일본에 맞서는 것이었다. 그러기 위해서는 중국의 결심이 필요했고, 결심을 이끌어내기 위한 방법은 조선인이 중국 땅에서 일본의 심장에 폭탄을 던지는 것이었다.

조선을 향한 일본 제국주의의 식민 지배는 처참히 실패했다. 이것은 결과론적인 이야기가 아니다. 식민 지배의 모든 과정은 철저한 실패의 연속이었다. 물론 시간이 지나면서 식민 지배 자체를 인정하는 이들도 있었고, 제국의 품에 안겨 2등을 넘어 1등 신민이 되기를 원했던 조선인도 분명히 있었다. 그러나 단 한 명의 조선인이라도 식민지 조선이라는 치욕의 상황을 받아들이지 못한다면 그것은 제국의 실패였다.

분명한 것은 식민 통치를 인정하지 않았던 조선인이 상당히 많았다는 점이다. 이를 심적으로 뿐만이 아니라 다양한 방식의 독립운동을 통해 몸소 보여준 사람들이 많았다. 3.1 운동으로 문화 통치의 시대가 열렸지만 이로써 열린 저항이 가능해졌다. 예를 들어, 언론과 집회의 제한적 자유를 통해 조선인들은 억눌려 있던 독립 의지를 폭발적으로 표출했다. 결국 일본의 식민 지배는 다시 위기를 맞는다.

임시 정부는 국제적으로 인정받는 진짜 정부는 아니었지만, 조선인의 구심점이 됐다. 더불어 한때 이념 때문에 나뉘었던 독립운동의 다양한 계열도, 1927년 무렵 민족 유일당 운동(만주와 중국 지역에 분립돼 있던 독립운동 단체들이 하나로 통합하기 위해 전개한 운동)의 일환으로 신간회(좌우익 세력이 합작해 결성한 대표적인 항일 단체)를 설립하며 통합되기도 했다. 때로는 합법의 테두리 안에서, 때로는 한반도 밖에서 총을 들고 일본 제국주의와 싸웠다.

그러던 1920년대 말, 전 세계를 뒤흔든 사건이 있었으니 바로 대공황이었다. 1930년 한 해 동안 일본에서만 800여 개의 기업이 도산하고, 300만 명 이상의 실업자가 발생했다. 서구 열강들은 자신들의 식민지를 포함한 블록 경제(몇몇 나라가 동등한 입장에서 블록을 형성해 역내域內 교역은 관세 없이 자유롭게 하고, 역외域外 국가에 대해서는 배타적 무역 장벽을 쌓아 경쟁력을 높이는 방식의 경제 체제)를 활용해 무역 구조를 부활시키며 공황을 타개하려 했지만, 일본은 블록 경제를 구축할 만큼의 식민지가 없었다.

후발 제국주의 국가가 공황을 이겨낼 손쉬운 선택지는 바로 전쟁이었다. 일본은 곧바로 행동을 개시했다. 그들의 1차 목표는 만주였다. 대공황으로 인해 영국, 미국, 일본의 제국 협조 체제에도 균열이 발생했고, 경제 불황으로 돌아선 일본 민심은 군부의 대륙 침략에 힘을 실어주는 모양새였다. 1931년 9월, 일본군은 조선 국경을 넘어 만주를 침략했고, 이로써 만주국이 탄생했다.

일본 군국주의의 확장은 그 자체로 조선의 독립운동에 엄청난 후폭풍으로 다가왔고, 1930년대로 접어들면서 독립운동은 거대한 암흑기에 접어드는 듯했다. 임시 정부가 있던 상해는 일본의 점령 위기에 놓였고, 신간회는 해산됐다. 국내 사회주의 계열의 노동 운동은 탄압받기 시작했고, 조선인들의 독립 의지도 꺾여가고 있었다.

한편 임시 정부에서는 내부적인 문제가 중첩되고 있었다. 독립운동의 방향을 두고 갈등이 커지자 몇몇 독립운동가는 임시 정부를 탈퇴했고, 임시 정부를 전면적으로 개조해야 한다는 주장에 국민 대표회의를 소집했으나 실패를 맛보기도 했다. 대표성을 잃은 임시 정부는 끝내 자금줄까지 막히며 엄청난 재정난과 인력난을 겪는다. 하필이면 그때 터진 사건이 만보산에서의 사건이었다. 이러다가는 중국에서 독립운동을 못 하게 될지도 모른다는 위기감까지 커졌다.

독립운동의 태세 전환을 위해서는 한 방이 필요했다. 이 시점에 김구가 선택한 방법은 바로 폭탄을 활용한 의거였다.

임시 정부 앞에 나타난 정체 모를 청년

김구를 중심으로 한 임시 정부의 핵심 요인들은 초기부터 독립운동의 한 방법으로 전쟁을 생각했다. 청산리 전투와 봉오동 전투는 평가를 떠나 임시 정부의 독립 전쟁에 대한 진정성을 느끼게 하기에 부족함이 없었다. 의열 투쟁도 마찬가지였다.

하지만 상황이 좋지 않았다. 끝없는 내부 분열, 중국과의 갈등, 더욱 현실화되고 있는 일본 군국주의의 확장으로 인해 무장 투쟁의 방향을 획기적으로 변화시켜야 했다. 대규모 병력을 동원해 일본과 직접 전투를 벌이기는 불가능했다. 김구와 임시 정부 요원들은 정예 요원을 선발해 일본의 핵심 인물을 대상으로 한 암살과 파괴 공작을 고안하기 시작했다.

임시 정부는 산하 기관으로 특무대特務臺를 설치하고, 김구를 책임자로 선임한다. 이후 특무대는 한인애국단으로 이름을 고쳐, 1931년 11월에 정식으로 창립한다. 방향성을 정한 김구는 군자금을 모았고 활동에 필요한 무기를 구입했다. 이제 남은 문제는 하나였다. 바로 누가 실행할 것인가. 그때 등장한 인물이 바로 이봉창이다.

이봉창은 사실 대단히 특이한 이력을 가진 사람이다. 그는 의거를 결심하기 전까지 독립운동과 아무런 인연이 없었다. 그저 용산에 살면서 과자점 점원, 약국 점원 등으로 생계를 꾸리기 바빴고, 심지어 3.1 운동이 일어났을 때도 '왜 이렇게 시끄럽지?'라고 생각했을 만큼 항일 의식이나 민족의식이 없던 식민지 청년이었다.

그러던 이봉창은 열아홉 살 무렵, 용산역의 말단 임시직 직원을 시작으로 빠르게 승진을 거듭했다. 이후 정식 역부를 거쳐 전철수, 연결수가 된다. 승진을 하면서 월급도 올랐고, 경제적인 여유도 생겼다. 하지만 이봉창은 조금씩 일본인과 조선인이 다른 대우를 받고 있음을 깨닫는다. 원래 그렇다. 차별은 계층의 사다리를 올라갈수록 노골화되기 때문이다. 조선인이라는 이유만으로 경제적인 보상이 제대로 이루어지지 않음을 경험하면서 불만이 생기기 시작했다.

하지만 동시에 '그럼에도 불구하고 먹고살아야 한다'라는 잔혹한 현실은 이봉창을 괴롭게 만든다. 이 괴리감은 그를 주색과 도박에 빠지게 했고, 곧 유흥 빚을 퇴직금으로 탕감하기 위해 사직한다. 용산역을 나온 그가 향한 곳은 의외로 일본이었다. "조선에서는 차별받지만 일본에서는 차별받지 않는다"라는 누군가의 말을 듣고 선택한 결정이었다.

이봉창은 이 소문이 거짓된 것이었음을 일본 도착과 동시에 깨닫는다. 조선인으로서 일본에서 취직하기가 여간 어려운 일이 아니었기 때문이다. 일본어에 능통했던 이봉창은 차별을 극복하기 위해 '기노시타 쇼조'라는 이름을 쓰며 구직 활동을 한다. 그렇지만 구직에 성공해도 조선인이라는 게 드러나는 순간부터 부당한 취급을 받기 일쑤였다. 그는 결국 부두 노동자, 석탄 짐꾼, 공장 잡역 일을 하며 근근이 살아간다.

그러던 어느 날이었다. 이봉창은 1928년 11월, 교토에서 히로히토 일왕의 즉위식이 열린다는 소식을 접한다. 당시 이봉창은 조선인 차별에 분노하면서도, 스스로 일본인과 똑같은 일왕의 신민이라고 생각하고 있었다. 그래서 그는 더욱 일본인다운 '신일본인'이 돼야 한다고 생각했다.

들뜬 그는 일왕을 보기 위해 교토로 향했다. 당시 교토는 히로히토 일왕의 즉위식을 보러 온 사람들로 가득했다. 경찰은 몰린 인파들 사이에서 불순한 사람을 가려내기 위해 검문했고, 이때 이봉창이 눈에 들어왔다. 하필 이봉창은 한글이 일부 쓰인 편지를 품에 넣고 있었는데, 검문 과정에서 이 편지가 발각된 것이다. 그는 단지 조선인이라는 이유로 유치장에 열흘간 수감됐다.

"나는 식민지 조선인이다"

이 사건이 이봉창의 인생을 뒤엎는다. 차별로 인한 울분과 진짜 일본인이 되고픈 욕망은 곧 스스로 조선인이라는 정체성으로 정리된다. 다시 오사카로 돌아온 이봉창은 상하이에 한국 정부가 있다는 이야기를 듣고, 조선인으로서의 떳떳한 삶을 꿈꾸며 상하이로 향한다.

상하이에 도착한 이봉창은 전차 회사 취직을 도와달라고 부탁하러 임시 정부를 찾아간다. 처음부터 엄청난 거사를 위해 임시 정부를 찾은 것은 아니었다는 뜻이다. 어쩌면 자연스러운 생각의 흐름이었다. 한국 정부라면 응당 한국인을 위해 활동해 줘야 한다는 믿음이 있었고, 일본에서는 차별을 받았으나 나를 위해 존재하는 한국 정부는 다를 것이라는 기대가 있었다.

그런데 임시 정부를 찾은 그를 막아선 것은 임시 정부 요인들이었다. 임시 정부 요인들은 자연스레 일본 말을 사용하고, 누가 봐도 일본인 행색을 하고 있던 이봉창을 일본의 밀정이라 생각했다. 그때 김구가 나타난다. 이봉창을 처음 만난 김구는 임시 정부 청사 주변의 여관을 소개해 주며 그를 눈여겨본다.

김구가 이봉창의 비범함을 알게 된 것은 그가 술자리에서 흘린 말 한마디 때문이었다. 이봉창은 지나가듯 "일왕을 도살하는 건 어렵지 않다"라고 말했고, 김구는 그 말의 뜻을 파악하기 시작했다. 이후 몇 번의 만남이 더 이어졌고 "인생의 목적이 쾌락이라면 육신의 쾌락은 대강 맛봤습니다. 이제 영원한 쾌락을 꿈꾸며 독립 사업에 헌신할 겁니다"라는 이봉창의 진정성 있는 고백을 듣는다. 이후 김구는 이봉창에게 절대적인 신뢰를 보내며, 본격적으로 일왕 암살 계획에 착수한다.

생각해 보면 우연의 연속이었다. 만약 이봉창이 조선인으로서의 차별을 느꼈음에도 일왕의 즉위식에 참석하지 않았다면 혹은 검문에 걸리지 않았다면 애초에 이 계획은 시작될 수 없었다. 밀정으로 의심받던 이봉창과 김구가 만나지 못했다면? 이봉창이 일왕 암살을 언급하지 않았다면? 이렇듯 역사는 거대한 구조 안에서 다양한 우연의 연속을 통해 커다란 변화를 야기하기도 한다.

이후 이봉창은 약 1년에 가까운 시간 동안 일왕 암살을 준비한다. 임시 정부와의 관계를 끊고 일본인 행세를 하며 이따금 김구와 진행

1931년 12월 17일(추정) 이봉창

상황을 공유하면서 때를 기다렸다. 1931년 12월 13일, 준비를 마친 김구는 이봉창을 만나 일본에 갈 준비를 하라고 명령한다. 한인애국단의 역사적인 첫 의거가 발을 뗀 것이다.

일본으로 떠나기 전, 이봉창은 사진관에 걸린 태극기 앞에서 활짝 웃어 보였다. 한인애국단 선서문을 목에 건 그는 묵묵히 양손에 폭탄을 들었다. 그리고 역사적인 사진 한 장을 남긴다.

김구를 통해 폭탄 사용법을 익힌 이봉창은 나흘 뒤 배를 타고 도쿄로 향했다. 도쿄에 도착한 그는 며칠 뒤, 일왕이 육군 관병식 행사에 참석한다는 기사를 확인한다. 그러고는 "1월 8일에 꼭 상품이 팔릴 것"이라는 전보를 김구에게 보낸다.

운명의 1월 8일, 연병장 밖 거리에서는 카퍼레이드가 한창이었다. 이봉창은 일왕이 탔을 것으로 추측되는 마차에 수류탄을 던졌다. 하지만 마차에 일왕은 없었다. 그나마도 폭탄의 화력이 약해서 마차의 밑바닥에 손상을 주는 정도였다. 당시 다른 사람이 범인으로 지목받아 끌려가고 있었으나, 이봉창은 자신이 범인임을 자백하며 일본 경찰에 체포된다. 일본은 발칵 뒤집혔고, 전 세계의 언론은 이 사건에 주목한다.

1932년 1월 8일 체포되는 이봉창

고작 17년 전, 오스트리아 황태자가 거리에서 암살된 이후 세계대전이 일어났으니 이 사건은 세계인의 이목을 끌기 충분했다. 조선인들에게도 마찬가지였다. '아직도 독립운동을 하는 사람이 있어?'라고 생각하던 조선인들에게 이는 '우리가 아직 여기 있습니다'라고 외친 사건이었다. 조선인들의 마음속에서 뜨거운 무엇인가가 다시 불타오르기 시작했다.

상해에서 다시 터진 독립의 의지

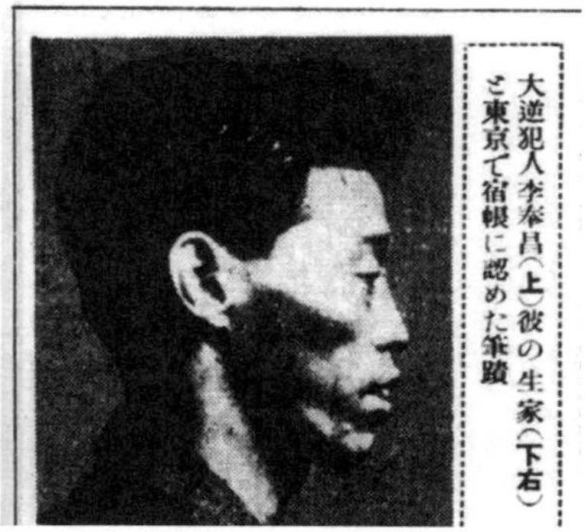

1932년 9월 30일자 〈아사히신문〉에 실린 이봉창의 사진. 그는 10일 후 교수형을 당했다

세계의 관심은 일본에게는 부담이었다. 중국 땅에 진출할 준비를 차근히 하고 있던 일본은 이 사건을 빠르게 정리해야 했다. 이봉창은 '대역죄'로 1932년 10월 10일 이치타니 형무소에서 오전 9시, 교수형에 처해진

다. 그의 나이 고작 32세였다.

이봉창은 죽었지만, 그의 정신은 남았다. 일왕을 죽이는 데는 실패했지만, 임시 정부는 이 의거를 실패라고 생각하지 않았다. 그의 의거는 임시 정부와 독립운동 전선에 새로운 활력소가 됐고, 만보산 사건으로 생긴 중국과의 갈등도 옅어지는 듯했다. 그리고 얼마 뒤 이봉창을 잇는 또 다른 의거가 계획된다. 바로 윤봉길의 훙커우 의거다.

윤봉길은 이봉창과는 결이 다른 인생을 살았던 인물이다. 어린 시절 한학을 수학하다 독학으로 근대 학문을 익히던 그는 '왜 일본이 조선을 통치하는 것일까?'라는 생각을 하게 됐고, 독립에 관심을 갖기 시작했다. 윤봉길은 농촌 계몽 운동에 들어서며 직접 교재를 만들어 야간학교에서 학생들을 가르치고, 부흥원이라는 농민 조합도 만들었다. 농민이 잘살아야 조선이 홀로 설 수 있다는 믿음에서였다.

그러던 어느 날 부흥원 건립을 기념해 윤봉길이 직접 각본을 쓴 〈토끼와 여우〉라는 연극을 공연한다. 문제는 여기서 터졌는데, 연극의 내용이 일제의 식민통치를 풍자하는 것이었기 때문이다. 윤봉길은 이깟 공연 하나로 경찰 조사까지 받아야 하는 현실에 항일 의식을 더욱 키우게 된다.

계몽 운동만으로는 독립을 이룰 수 없음을 깨달은 윤봉길은 무장투쟁의 길을 걷기로 결심한다. 1930년 3월 윤봉길은 "장부출가생불환(丈夫出家生不還, 장부가 뜻을 품고 집을 나서면 살아 돌아오지 않겠다)"이라는 출사표를 가족에게 남기고, 상해 임시 정부로 향했다.

그런데 14개월 만에 도착한 임시 정부에는 그렇다 할 독립군 조직도, 군인을 양성할 교육 기관도 없었다. 윤봉길은 실망했지만 김구와 정기적으로 만나며 독립운동의 방향성에 대해 함께 논의한다. 그러다 1932년 1월 8일, 이봉창의 의거가 일어난다.

한편 이봉창 의거 직후 일본은 상해를 침략했다. 중국은 일본에 굴욕적인 패배를 맛본다. 상해에 자리 잡고 있던 임시 정부는 이제 선택해야 했다. 윤봉길도 직접적으로 임시 정부와 한인애국단에 참여하지는 않았지만 새로운 돌파구를 찾아야 하는 상황이었다.

김구는 다시 이봉창 의거에 이어 홍커우 의거를 결심한다. 이유는 단순했다. 지금의 위기를 극복할 방법은 한국과 중국이 관계를 단단히 하여 일본에 맞서는 것이었다. 그러기 위해서는 중국의 결심이 필요했고, 결심을 이끌어내기 위해서는 조선인이 중국 땅에서 일본의 심장에 폭탄을 던져야 했다.

윤봉길도 결심을 굳힌다. 사실 그는 이봉창의 의거를 보면서 이미 마음을 먹은 상태였다. 무장 투쟁을 이끄는 독립군이 될 수 없다면, 스스로 선택할 수 있는 길은 의거라고 생각했다. 1932년 4월 26일, 김구는 임시 정부 국무회의를 소집하고 "4월 29일 홍커우 공원에서 열릴 일본 육군의 열병식에서 윤봉길의 의거가 있을 것"이라고 보고한다.

이날을 의거일로 결정한 것은 〈상해일일신문〉에 실린 기사 때문이었다. "홍커우 공원 축하식에는 수통 1개와 점심 도시락, 국기 1면씩을 가지고 입장하라"라는 내용의 기사였다.

의거 당일, 숙소를 나온 윤봉길은 김구와 식사를 마쳤다. 김구는 곧 보자기에 싼 도시락 폭탄과 수통 폭탄을 전달한다. 윤봉길은 차비를 빼도 5~6원이 남는다는 말과 함께 남은 돈을 건네며, 얼마 전 새로 산 시계를 김구의 낡은 시계와 바꿔 찼다. 곧장 훙커우 공원으로 향한 윤봉길은 행사를 지켜보다가 연단을 향해 수통 폭탄을 던진다.

홍커우 공원으로 떠나기 전, 태극기 앞에서 절명사를 가슴에 붙인 채 촬영한 윤봉길

일본인 관람객 1만여 명, 일본군 외 각국 외교관과 무관 등 2만여 명이 모인 사이를 비집고 던진 폭탄이었다. 폭탄은 일본 군부와 정계 인사 7명을 향해 정확히 날아갔다. 일본 상해 파견군 사령관 시라카와와 일본 거류민 단장 가와바타가 즉사했고, 일본 제3함대 사령관 노무라와 제9사단장 우에다, 주중일본공사 시게미쓰가 중상을 당했다. 이봉창 의거가 일어난 지 3개월이 지난 시점이었다.

거사 직후 윤봉길은 일본 헌병에게 연행됐고, 상하이 파견 군법회의에서 사형을 언도받아 우편선에 실려 오사카 육군 형무소에 수감됐다. 그리고 얼마 뒤 가나자와 육군 구금소를 거쳐, 1932년 12월 19일 육군 작업장에서 향년 24세로 총살형을 당한다.

한인애국단의 두 의거는 일본에 엄청난 충격을 주었다. 동시에 중국에도 큰 반향을 일으켰다. 특히 윤봉길의 의거는 중국을 움직이기에 부족함이 없었다. 물론 의거의 배후에 있던 김구는 곧 수배를 당했고, 임시 정부도 상하이를 떠나 도피 생활을 시작해야 했다. 하지만 두 의거는 김구와 임시 정부에 후회 없는 선택이었다. 조선인들의 독립 의지를 전 세계에 알렸고, 중국과의 항일 연대 활동도 새로이 할 수 있었기 때문이다.

일본을 위해 죽느니 폭도가 되겠다는 결심

대공황을 타계하기 위해 일본은 만주 사변을 일으키고 괴뢰국인 만주국을 만들어냈지만, 여전히 전쟁을 통한 국가의 성장을 멈출 생각이 없었다. 그리고 일본 군부의 미친 짓은 결국 중국 대륙 한가운데로 옮겨간다. 1937년, 중일 전쟁이 시작된 것이다.

일본 군부는 전쟁을 통한 국가의 성장을 멈출 생각이 없었다. 일본 군부의 미친 짓은 결국 중국 대륙 한가운데로 옮겨간다. 1937년, 중일 전쟁이 시작된 것이다. 사실 이 전쟁은 아주 사소한 사건으로부터 시작된다.

1937년 7월 7일, 베이징 교외 루거우차오 인근에서 훈련을 하던 일본군 병사 한 명이 행방불명된다. 공교롭게도 같은 시간, 일본군이 중국군에 의해 총격을 받는다. 이후 그 병사는 20분이 지나 다시 훈련 장소로 돌아온다. 배탈이 나서 화장실에 다녀온 것이었다. 그러나 다음 날 아침, 일본군은 총격과 행방불명된 병사를 핑계로 중국군을 공격하고 전면전에 돌입한다. 말도 안 된다고 생각하겠지만, 정말 전쟁은 이렇게 시작됐다.

일본군은 만주국을 넘어 베이징과 난징을 점령했고, 난징에서 대학살까지 벌인다. 사실 일본은 중일 전쟁을 단기간에 끝내려고 했다. 그만큼 자신 있었다. 그러나 전쟁은 이후 8년간 지속되면서 예상과 달리 장기전으로 치닫는다.

국민당과 공산당으로 분열됐던 중국은 성공적으로 국공 합작을 이뤄내고, 단일 대오로 일본군에 저항했다. 전쟁이 길어지면서 전선은 더욱 남쪽으로 확대됐고, 이는 영국과 미국을 비롯한 연합국의 강력한 저항을 불러일으킨다.

일본은 '동아시아 신질서'라는 명분을 내세우며 전쟁을 정당화한다. 그러고는 당시 영국과 미국 중심 국제 질서의 대항 세력이었던 독일, 이탈리아와 동맹을 추진한다. 이후 1939년 9월 독일의 폴란드 침공에 대응하기 위해 영국과 프랑스가 독일을 상대로 선전포고를 하고 제2차 세계대전이 시작된다.

이에 맞물려 일본도 전쟁을 동남아시아 전역으로 확대한다. 1941년 7월, 일본은 프랑스 식민지였던 베트남의 수도를 점령하고 이후 네덜란드가 지배하던 동인도 제도를 점령한다. 바로 이때 미국이 일본의 전선 확장에 거세게 저항한다. 미국 내 모든 일본 자산을 동결하고 일본으로의 석유 수출을 금지해 버린 것이다.

다른 무엇보다 석유 수입이 막힌 일본은 군사적, 경제적 압박을 느낀다. 일본은 미국과의 협상을 통해 문제를 해결하려 했지만, 일본

내 강경파는 미국과의 전쟁을 강하게 밀어붙였고 1941년 그 유명한 하와이의 진주만 공습을 강행한다. 동시에 말레이반도 코타바루에서 상륙 작전을 개시하며 미국에 선전포고한다. 지금까지의 승리에 도취한 일본은 스스로 과대평가하며 미국을 비롯한 연합국과의 전쟁을 아시아 전역에서 시작한다.

그러나 애초에 이 전쟁은 일본이 감당할 수 없는 전쟁이었다. 당연히 이는 식민지 조선에 엄청난 압박으로 돌아오는데, 전쟁 수행을 위한 물자, 자금, 인력의 수탈과 동원이 강화될 수밖에 없게 된 것이다. 군수 물자를 생산하고 자원을 빠르게 개발하는 듯했지만, 이를 위한 노동력은 늘 부족할 수밖에 없었다.

진주만 공습 시 일본군에 피격받은 미국 전함

승리를 위해 조선인을 동원하라

조선인 노동력을 동원하는 것은 쉬운 일이 아니었다. 생각해 보면 당연했다. 조선인은 일본인이 아니었다. 제아무리 식민지 교육이 됐다고 한들 조선인은 일본인이 될 수 없었다.

이때 등장한 개념이 '황국 신민화'다. "일본인과 조선인은 하나의 민족이다"라는 식의 프로파간다가 등장했고, 이를 위해 〈황국 신민서사〉라는 일종의 맹세를 만들어 학교와 관공서는 물론 모든 직장에서 암송하게 했다. 아침마다 도쿄를 향해 절하는 궁성요배와 신사 참배도 강압적으로 이루어졌다.

이런 정책을 일본이라고 다 좋아한 것은 아니었다. 민족적 우월

일제강점기 시대의 궁성요배를 강요당한 조선인

감에 젖어 있던 일본인일수록 받아들이기 힘들었다. 왜냐하면 이는 황국 신민으로서 일본인과 조선인이 모두 같고, 조선인과 일본인 사이의 위계가 사라지는 것을 의미했기 때문이다. 하지만 힘겨운 전쟁은 이 허울뿐인 사상을 어쩔 수 없이 강요하게 만들었다. 일본만으로는 전쟁 수행이 불가능해지면서 조선인을 전장으로 내몰기 위해서는 완벽한 일본인, 더 정확히는 천황의 신민으로 만들어야 했기 때문이다.

하지만 여전히 조선인을 믿지 못했던 일본은 황국 신민화 사상을 조선인 사회에 깊숙이 퍼트리기 위해 조선인 엘리트를 활용한다. 일본 제국주의의 강요로 동원된 사람도 없지 않았지만, 이광수나 최남선과 같은 문학인을 비롯해 박흥식, 김성수와 같은 자본가들은 앞장서서 같은 조선인을 향해 "천황을 위해 총을 들라"라며 독려했다.

이어서 1938년 2월에는 육군 특별 지원 병령을 발표해 지원병 제도(병역에 복무하기를 지원하는 자를 뽑아 군대를 조직하는 제도)를 실시했고, 훈련을 위해 나남과 함흥, 평양, 대구 등에 훈련소가 설치됐다. 1943년 7월에는 해군 특별 지원병령을 발표했고, 같은 해 10월 '육군 특별 지원병 임시 채용 규칙'을 공포해 전문학교 이상의 고학력 조선인에 대해 재학 기간을 단축하고 징집 연기를 폐지해 일본군으로 동원해 갔다.

문제는 모집 방식이었다. 여전히 논란이 되는 것처럼, 명목상 초기 일본군에 입대한 자들은 '지원'의 형식으로 입대했다. 하지만 말만 지원이지, 지원병은 결코 자발적으로 입대한 것이 아니었다. 지원병의 정원 자체가 조선인의 의사와 상관없이 일본군에 의해 일방적으로 결정되다 보니 자연스럽게 이후 할당된 정원을 채우기 위한 각종 강제적 행위들이 벌어졌다. 학교나 마을 할 것 없이 자원입대를 종용하는 협박 행위가 횡행했다.

하지만 이후에도 전세가 여의치 않자 일본이 마지막으로 던진 카드는 바로 징병제였다. 1944년부터 식민지 조선인 청년들을 향해 징병제를 시행하기로 결정한 것이었다. 중학교 이상의 학교에서 군사 훈련을 시키기 시작했고, 소학교 졸업생은 청년 훈련소에 입소시킨 후 강제 징병해 버린다. 1945년 8월 해방 직전까지 육군과 해군을 합쳐 20만여 명(일본 측 통계로는 15만여 명, 한국 측 자료로는 25만여 명) 내외의 조선인 청년들이 전선에 동원된다. 그 밖에도 군속(군무원)으로 동원되어 포로 감시원이나 운수 경리 등의 역할을 맡았던 조선인도 약 15만 명 이상이었다.

군인만 끌려간 것이 아니다

일본이 전쟁터로 끌고 간 노동력은 병력만이 아니었다. 전쟁이 심화될수록 군수 공장의 노동력이 부족했고, 여기에도 조선인이 필요했다. 1940년 '조선 직업 소개소령'이 공포됐고, 이른바 관 알선이라는 사실상 강압적인 형태로 조선인 노동력 동원이 시작됐다. 각 도별로 인원을 할당해 군·면 등 행정기관을 통해 반강제적으로 동원하기 시작한 것이다.

이렇게 확보한 노동력은 1939년에만 5만 3천여 명을 넘어섰고, 1940년에는 6만여 명, 1941년에는 6만 7천여 명으로 늘어났다. 전장이 확대될수록 증가 폭도 커졌는데, 동원된 조선인 노동자 수만 600만 명 이상으로 추정될 정도다.

조선 총독부는 원활한 동원을 위해 거짓된 정보를 유포했다. "일본에 가서 일하면 쌀밥을 배불리 먹을 수 있고 돈도 많이 벌 수 있다"라는 말이었다. 설마 그런 거짓말에 조선인들이 속아 넘어갔을까? 그러나 조선에는 정말 먹을 것이 없었다.

당연히 동원된 조선인들의 삶은 열악했다. 고향으로 송금해 주겠다던 당시의 월급은 2023년 현재까지도 지급되지 않았다. 배를 곯지

일본 탄광 징용 피해자 조선인들

않으려 징용을 선택한 조선인들에게 돌아오는 식량은 기가 찰 정도의 양이었다. 헌병들의 감시 속에서 얻어 맞아가며 일하면서도 월급도, 식량도 제대로 배급받지 못하는 그야말로 노예 같은 삶이었다.

한편 일본은 여성들을 대상으로 1944년 봄부터는 '여자 근로 정신대'라는 이름으로 동원을 시작했다. 국민학교 5~6학년생부터 졸업 후 1~2년 이내의 조선인 여성도 본격적으로 일본 제국 내 각 곳에 위치한 공장의 노동자로 동원됐다.

같은 시기 등장하는 이들이 바로 일본군 위안부, 이른바 일본군 성노예들이었다. 전선이 확대되자 일본군은 병사들의 정신적 위안을 도모한다는 핑계로 부대에 군 위안소를 설치한다. 위안소 경영은 민간인 업자들에게 위임한 것처럼 포장했지만, 군이 직접 감독했다. 조선의 여성들은 관청의 관리하에서 취업 사기와 인신매매의 방법으로 군 위안부로 동원됐다.

"일본을 위해 죽느니, 폭도가 되겠소"

하지만 일본의 강제 동원은 시작부터 한계를 노출했다. 특히 학도병으로 끌려가야 했던 조선인 엘리트들은 군부대에서 탈출했다. 어떤 학생들은 징집되기 직전에 산속으로 도망가 비슷한 처지의 학생들은 규합해 일본군과 게릴라전을 벌이기도 했고, 어떤 이들은 파출소를 습격하기도 했다. 저항은 다양한 방식으로 전국에서 벌어졌는데, 일본군이 되느니 '폭도'가 되겠다고 결심한 것이었다.

심지어 끌려간 학도병 중 40여 명은 일본군 부대를 탈출해 광복군이나 조선의용군 등에 입대했다. 이들은 대부분 중국 지역에 배치된 학병들이었다. 일본이 조선인을 징병하기 이전에 가장 우려한 일, 그러니까 자신이 지급한 총이 자신들을 향하는 일이 실제로 벌어진 것이다.

일본 신학교에서 신학을 공부하던 장준하도 1944년 일본군 학도병에 강제 징집되어 중국 쑤저우 지구에 배속되어 있었다. 여느 학병처럼 강제로 일본군에 끌려갔던 장준하는 부대에서 조선인 학병을 규합해 친일파 청산을 요구하던 중에 부대에서 탈출해 중국군 유격대에 합류했다. 일본 게이오대학 문학부에 재학하던 중 학병으로 끌려온 김준엽도 마찬가지였다. 부대에서 탈출한 김준엽은 1944년 7월 9일 중국군 유격대 휘하에 있던 장준하와 역사적인 만남을 갖는다.

김준엽과 장준하는 곧 중국군 유격대를 나와 그날로 7개월 동안 2,500km를 걸어 충칭에 있는 대한민국 임시 정부를 찾아간다. 일본군의 검문에 걸리지 않기 위해 중국 농부로 위장까지 해야 했다. 광복군이 된 둘은 1945년 2월부터 한국광복군 소속으로 미국 전략사무국(OSS, Office of Strategic Service) 활동을 하다가 해방 후에 귀국한다.

이들의 광복군 합류는 임시 정부 입장에서도 대단한 것이었다. 이제 다 끝났다고 포기할 수도 있었던 식민지 말기의 암울한 시대 상황

광복군에 입대한 (왼쪽부터) 노능서, 김준엽, 장준하

속에서 선택한 위대한 결정이었던 것이다.

그들 스스로도 온전히 받아들일 수 없었던 황국 신민화의 한계를 조선인들이 직접 증거하고 있었다. 이런 저항이 쌓이고 쌓여 일본 제국주의는 패전하고, 해방이라는 역사적인 결과를 맞이했다. "우리는 일본 제국의 신민이 아닙니다"라고 힘겹게 외치는 사람들이 이렇게나 많았기 때문이다. 해방은 힘겹게 우리 손으로 찾은 결과물이었다.

2장

아직 현재 진행 중인
냉전의 시대

현대사

현대사

연표

1948~1954년: 제주 4.3 사건

남한만의 단독 정부 수립에 반대한 남로당 제주도당의 무장봉기와 미 군정의 강압이 계기가 돼 제주도에서 일어난 민중 항쟁.

1956년: 8월 종파 사건

북한의 주도권을 장악하기 위해 벌어진 계파 간의 정치 갈등.

1960년: 4.19 혁명

학생과 시민이 중심이 돼 일으킨 반독재 민주주의 운동으로, 이승만 대통령의 하야로 이어짐.

1961년: 5.16 군사 쿠데타

육군 소장 박정희를 주축으로 한 육군 사관 학교 출신의 일부 군인들이 제2공화국을 강압적으로 무너뜨리고 정권을 잡은 군사 정변.

1940 | 1950 | 1960

1948년: 여순 사건

전라남도 여수 · 순천 지역에서 일어난 국방경비대 제14연대 소속 군인들의 반란과 여기에 호응한 좌익 계열 시민들의 봉기가 유혈 진압된 사건.

1948년: 반민특위 사건

일제 강점기 때의 악질적인 반민족 행위자들을 조사 · 처벌하기 위해 1948년 9월 제헌국회에 관련 기구가 설치됐으나, 국회 프락치 사건 등 친일파의 반격에 1년도 못 돼 와해된 사건.

1952~1965년: 한일 회담

7차에 걸쳐 이루어진, 한일 국교 정상화를 위한 두 나라 사이의 외교 교섭. 미국의 동아시아 전략의 일환으로 추진됨.

1971년:
광주 대단지 사건

광주 대단지(지금의 경기도 성남시) 주민 5만여 명이 정부의 무계획적인 도시 정책과 졸속 행정에 반발해 일으킨 사건.

1980년:
5.18 민주화 운동

전라남도 및 광주 시민들이 군사 독재와 통치를 반대하고, 계엄령 철폐, 민주 정치 지도자 석방 등을 요구하여 벌인 민주화 운동.

1997년:
IMF 외환 위기

김영삼 정부 때 우리나라가 가진 외환이 너무 부족해 국제 통화 기금(IMF)으로부터 자금 지원을 받은 사건.

1970 1980 1990

1979~1980년:
서울의 봄

1979년 10. 26 사건 이후부터 1980년 5. 17 비상계엄 전국 확대 조치 전까지의 정치적 과도기.

1983년:
이산가족 찾기 특별 생방송

1983년 6월 30일부터 11월 14일까지 138일에 걸쳐 453시간 45분 동안 생방송으로 진행된 KBS의 이산가족 찾기 특별 프로그램.

어떻게 현대사를 구분하고, 정의할 것인지는 대단히 논쟁적이며 복잡한 문제다. 왜냐하면 현대사란 '지금 우리 사회를 어떻게 바라볼 것인가'라는 문제의식을 다분히 포함한 시대 구분이기 때문이다.

우리나라의 현대사는 통상 1945년 8월 15일 이후로 정의한다. 36년의 식민 지배가 끝난 순간이자 새로운 시대가 열린 역사적인 순간이었기 때문이다. 물론 새로운 시작이 또 다른 어려움 속에서 피어났다 해도, 해방이 한국사의 결정적 분기점이었다는 사실은 부정할 수 없을 것이다.

흥미롭게도 미국과 유럽 등의 서구권에서는 1989년을 현대의 기점으로 인식한다. 바로 냉전이 해체 또는 종식된 시점이다(넓게는 1980년대 후반에 불어닥친 동유럽의 민주화 혁명에 이어, 1991년 소비에트 연방이 해체되는 시기를 아우른다). 서구 사회의 현대사는 냉전 시대와 전혀 다른 시대라는 의미다.

바로 이 지점에서 한국 사회의 특이성을 확인할 수 있다. 안타깝게도 한국에서의 냉전은 아직 종식되지 않았다. 우리에게 냉전 질서란 종식되고 극복된 것이 아닌 현재 진행형으로, 여전히 한국인의 사고체계를 강력히 통제하는 종교이자 규범이다. 그래서 우리의 현대사는 1945년 이후부터 지금까지 이어지고 있다.

《울게 되는 한국사》의 2장에서는 냉전 질서가 한국사에서 완성되는 과정 가운데 벌어진 일련의 역사적 사건들을 다룬다. 냉전 질서는 남과 북을 갈라놓았고, 대한민국의 국민을 갈라놓았으며, 심지어 바다 건너 재일 한국인들마저 갈라놓았다. 그리고 서로를 향해 손가락질했고, 주먹질했으며, 결국 총을 겨눴다. 그렇게 이어진 수많은 죽음이 바로 한국 현대사를 만들었다.

우리는 이제 새로운 현대사를 준비해야 한다. 서로를 향한 손가락을 거두고, 지금 우리의 시대를 스스로 정의해야 한다. 그러기 위해서는 이 시대를 만든 슬프고도 먹먹한 과거를 되돌아봐야만 한다.

인간이 될 수 없었던 그들, '빨갱이'의 탄생

제주 4.3 사건과 여순 사건을 통해 대한민국에는 새로운 존재가 탄생한다. 바로 '빨갱이'다. 물론 빨갱이는 이전에도 존재하는 표현이었지만, 이승만 정권은 여순 사건을 계기로 '공산주의자는 빨갱이'라는 공식을 넘어 '빨갱이는 악마'라는 등식을 완성한다. 이때부터 빨갱이는 언제 죽여도 상관없는 존재가 됐다.

1945년 8월 15일 정오, 전범국의 수장 히로히토의 패전 선언으로 한국은 해방을 맞는다. 그런데 일본이 전쟁에서 졌다고 해서 한국인들이 자연스럽게 식민지 통치에서 벗어났다고 사고하기란 쉽지 않았다. 특히나 36년이라는 세월 동안 식민지 조선인으로만 살았던 사람들 입장에서는 '일본의 패전'이라는 상황이 적지 않게 당황스럽기도 했다. '그럼 앞으로 어떻게 되는 거야?'라는 생각이 들게 마련이었다.

식민 지배를 받던 한국인들의 생각과 달리 일본의 패전이 가까워졌을 무렵, 국제 사회에서는 한국의 독립 문제를 계속 논의하고 있었다. 1943년 11월, 카이로 회담에서 중국은 자국의 권리와 영토 회복에 대해 이야기하면서 한국의 자유와 독립을 주장했고, 미국과 영국은 이를 받아들인다. 이후 1945년 2월 얄타 회담과 7월의 포츠담 선언을 거치며 '적절한 시기'에 한국을 해방시킨다는 내용이 국제 무대에서 합의된다. 그리고 1945년 9월 2일, 일본이 서명한 항복 문서에 "포츠담 선언을 수락하고 이를 성실히 수행할 것을 확약한다"라는 내용이 삽입되면서 한국의 독립이 공식화된다.

그제야 한국인들은 식민 지배에서 벗어났음을 깨닫고 환호했다. 그러나 이 환호는 다시 더 큰 아픔과 슬픔으로 다가왔다. 한반도의 정중앙을 가로지르는 선, 즉 3.8선이 생겼기 때문이다. 국제 사회에서 논의된 한국의 해방에는 '적절한 시기'라는 조건이 있었고, 이 조

포츠담 회담에 참가한 (왼쪽부터) 처칠 영국 총리, 트루먼 미국 대통령, 스탈린 소련 공산당 서기장

건을 핑계로 연합국의 두 축이었던 미국과 소련이 한반도를 양분한 것이다. 분단은 시작됐고, 1945년 9월 8일, 3.8선 아래 남한 땅에는 미군이 들어와 점령한다.

해방 이후 열린 정치 과잉의 시대

식민지 시기 독립운동가로 활동하던 사람들과 각 단체는 해방 이후 곧 정치 세력화된다. 자연스러운 행동이었다. 함께 독립운동을 한다는 것은 독립 이후 '조국이 이렇게 됐으면 좋겠다'라는 철학을 함께 공유한 것이었기 때문이다. 각 단체는 곧장 새로운 나라를 건설하기 위한 활동에 들어갔다. 이렇듯 한국인들은 새로운 조국 건설을 남의 손에만 맡겨놓지 않았다. 독립운동을 허투루 한 게 아니었다.

먼저 여운형은 조선건국준비위원회를 조직해 지역 사회에서 '임시적인 정부'로의 기능을 담당했다. 그러다 조선인민공화국을 수립해 한반도에서 정치적 영향력을 확고히 하려 했지만, 점령군이던 미군이 이를 받아들이지 않았고 곧 강제 해체된다.

송진우와 김성수를 중심으로 한 우익 세력은 한국민주당을 창당했고, 박헌영 중심의 좌익 세력은 조선공산당을 조직했다. 김구와 임시 정부 국무위원들은 한국독립당을, 이승만은 독립촉성중앙협의회를 결성했다. 정치 과잉의 시대였다. 당연히 정국은 소용돌이쳤고,

물리적 충돌까지 벌어진다.

그러던 1945년 12월 소련, 미국, 영국 대표가 모스크바 3상 회의를 통해 한국의 독립에 관한 문제를 논의했고, 여기서 신탁 통치안(국제 연합의 위임을 받은 나라가 일정한 비자치 지역에서 행하는 통치 형태)이 결정된다.

이후 남한 사회는 극렬히 분열됐다. 좌익은 신탁 통치가 한국의 독립과 민주 정부 수립에 도움이 된다고 여겼고, 우익은 이를 식민 통치의 연장이라고 인식했기 때문이다. 이후, 미군정과 좌익 그리고 우익 정당은 각자를 뒷받침해 주는 사회단체들과 연대해 유리한 정치적 위치를 차지하기 위해 정치 투쟁에 돌입한다.

중도 세력의 좌우 합작 운동으로 상황을 진정시키려 했지만, 1946년 2월 북한의 북조선임시인민위원회 수립 이후, 같은 해 6월 미군정을 등에 업은 이승만이 정읍에서 "남한만이라도 임시 정부를 조직해야 한다"라고 발언하며 남북 분단 정부 수립이 공론화된다. 그러던 1947년 11월, 소련이 참석하지 않은 채 열린 유엔총회에서 '선거 가능한 지역에서 총선거를 실시'하는 것이 결정되자 한반도의 분단은 기정사실화되어 버린다.

제주도에서 여수로 번진 불씨

한반도가 분단을 앞둔 1948년, 제주에서는 이를 받아들이지 못한 시민들이 대규모로 저항했다. 제주 도민들은 분단도 받아들일 수 없었지만, 식민 관료 기구와 경찰 조직의 재건을 더욱 받아들일 수 없었다. 친일 활동을 했던 인사들이 도내 행정기구를 다시금 장악했고, 이들이 미군정의 후원을 받으며 우익 단체들을 조직하자 도민들의 반발심은 커질 수밖에 없었다. 특히 일제 경찰에 복무했던 자들까지 그대로 복귀시키자 제주 도민들은 미군정과 경찰 세력에 대한 혐오감을 키워나갔다.

참다못한 제주 도민들은 3.1절 기념식을 기점으로 대규모 시위를 시작했고, 이에 질세라 미군정과 제주 경찰은 폭력으로 이를 진압한다. 이후 미군정은 제주도를 '레드 아일랜드(Red Island)'로 규정하고 강경 대응을 이어갔다.

4.3 당시 군과 경찰에 끌려간 주민들은 대부분 처형당했다

운명의 1948년 4월 3일, 좌익 세력을 중심으로 제주도인민유격대가 조직됐고, 남한의 단독 선거에 반대하며 4.3 사건이 시작됐다. 그리고 토벌대에 의해 제주 도민 십분의 일 이상이 목숨을 잃는다.

제주 도민이 잔인하게 학살당하는 와중에 육지에서는 대한민국 정부가 수립됐다. 대한민국의 정부 수립은 이념을 청소해 나가는 과정이었다. 나와 다른 이념을 인정하지 않고 잔인한 폭력과 학살을 통해 이뤄지는 청소 말이다.

잔인한 이념 청소가 한창이던 1948년 10월, 여수 신원동에 주둔 중이던 14연대는 제주 봉기를 진압하라는 명령을 받는다. 그런데 심상치 않은 일이 벌어진다. 군사 반란이 일어난 것이다. 동족을 죽이러 제주도로 갈 수 없다는 이유에서였다. 이후 이들은 여수경찰서장을 비롯한 한민당 간부와 우익 청년 단원 등을 살해하며 파죽지세로 순천시로 이동해 뜻을 함께한 14연대 2개 중대 병력과 결탁한다. 제주에서의 저항이 육지에서의 군사 반란으로까지 번진 것이다.

당시 여수는 제주와 마찬가지로 경제적으로 대단히 어려웠다. 생계를 위협할 정도의 식량난이 계속되고 있었고, 실업률은 치솟았으며, 물가도 급등했다. 여수에서는 식량 배급을 담당하던 식량영단이 "쌀 도정 공장에서 도정을 하지 않았다"라는 핑계를 대며 배급에 차질을 일으키던 중이었다.

비슷한 이유로 순천에서도 불만이 고조되고 있었다. 물가는 오르고, 배급이 끊기게 생긴 것이었다. 특히 순천은 지역민과 경찰과의 갈등이 극대화되고 있었고, 우익 인사들의 비리 사건이 연이어 터지며 새로 수립된 정부에 대한 반감이 극에 달했다.

여수, 순천 지역의 사람들은 식민지 시기보다 더 열악해진 미군정의 처우에 분노했고, 자연스럽게 미군정을 이은 이승만 정권과 우익 세력에도 기대할 수 없었다. 삶이 나아질 것이라는 희망이 없었기 때문이다. 바로 이때 여수 지역 14연대의 반란이 터진 것이다.

이념 청소를 위해 선택한 빨갱이 사냥

10월 19일 밤, 여수에 주둔 중이던 14연대 군인들은 빠르게 여수를 점령했다. 파죽지세로 다음 날 아침 순천으로 향했고, 곧 순천에 인민군 사령부를 설치한 후 순천을 완벽히 장악하기 위한 태세를 갖춘다. 이 과정에서 반란군과 경찰 사이에 교전이 벌어졌고, 다수의 경찰이 사망하는 일도 벌어진다. 반란군은 경찰서를 시작으로 읍내 관공서를 접수하고 좌익계 청년들을 무장시켜 인민군으로 편성해 버린다.

그런데 이때 당황한 이들이 있었다. 순천에서 좌익 활동을 하던 남로당 순천군당이었다. 14연대 소속의 반란군과 이들은 사전에 아무런 계획도 공유하지 않은 상태였다. 그러나 누가 봐도 이 사건은 좌익에 의해 벌어진 일이었다. 남로당은 이미 당겨진 방아쇠에 빨려들어 가듯 어쩔 수 없이 인민위원회를 재개할 수밖에 없었고, 반란군과 연계해 경찰과 우익 세력을 찾아내 처단하는 역할을 맡았다.

지역민들이 폭발적으로 호응했다. 특히 그간 지역 내 좌우 갈등 속에서 우익 경찰에 의해 고문당하거나 폭행당했던 청년들은 복수를 하고, 경찰관과 우익 세력을 살인하기도 했다. 이 가운데서 인민위원회는 미군정과 새로 들어선 정부가 시행하지 못한 식량 배급에 나서면서 지역민들의 지지를 얻기 위해 노력했다.

하지만 반란군과 좌익 세력의 치세는 2~3일에 불과했다. 10월 20일 새벽, 14연대의 반란 소식이 보고된 이후 총 11개 대대가 진압을 위해 순천을 향했다. 10월 21일에는 여수와 순천 지역에 계엄령이 떨어졌고, 본격적인 교전이 시작된다.

10월 23일 순천을 장악한 진압군은 광양과 보성까지 수복하고, 10월 25일 무렵 장갑차와 박격포, 항공기, 경비정이 동원된 포위전을 통해 27일 여수까지 장악하면서 반란군을 순조롭게 진압했다. 끝까지 저항하던 소수의 반란군은 지리산 일대로 숨어들어가 빨치산(공산주의 비정규군 요원) 활동을 이어갔지만, 사실상의 여순 사건은 10월 27일에 마무리된다.

복수는 복수를 낳는다

허무하고 단순해 보이는 결말 속에는 사실 엄청난 살육이 존재했다. 사건의 진상은 이렇다. 막상 전투가 시작되자 14연대 반란군대부분은 이미 10월 22일 밤 순천을 빠져나갔다. 정작 진압군과 싸워야 했던 이들은 소수의 잔여 좌익 세력과 무장한 순천 지역민들이었다. 이미 반란을 일으킨 주력군이 빠져나간 상태에서 이들이 할 수 있는 일은 많지 않았다. 게다가 상황을 파악한 우익 세력이 다시 활동을 재개하고 진압군과 부역자 색출을 시작하면서 상황은 더 꼬였다. 복수가 복수를 낳았고, 복수는 엄청난 피의 살육을 예고했다.

순천에서 시작된 피의 복수는 전남 동부 지역 전체로 확대됐는데, 이제 지역 우익 세력과 연합한 진압군은 여수와 순천을 토벌하기로 마음먹는다. 이 토벌은 결코 반란군만을 향하지 않았다. 제주에서와 마찬가지로 무차별적인 지역민 대학살이 시작된 것이다. 여수와 순천 지역 주민은 이제 그저 죽여도 되는 빨갱이일 뿐이었다.

여수와 순천 지역민들이 반란군이 아닌 좌익 중심의 인민위원회에 동의했던 것은 폭력적이고 친일적이었던 경찰 세력에 대한 반감 때문이었다. 더불어 경찰과 같이 친일 행위를 일삼던 이들이 행정을 이끄는 상황, 게다가 먹고사는 문제를 해결해 주지 못하는 무능에 대한 반감이었지, 반란군의 주장에 동의한 것은 아니었다. 지역민들에게 반란군의 사상이나 이념은 중요하지 않았다. 중요한 문제는 그저 생존이었다.

하지만 이들 지역 주민에 대한 토벌은 잔인했다. 진압군과 우익 인사들은 무차별적으로 주민들을 색출하여 주로 학교 운동장에 포박한 후 죽였다. 학교 운동장 외에도 주민들을 향한 학살은 때와 장소를 가리지 않았다.

지금까지 정확한 피해 규모도 밝혀지지 않았다. 1949년 정부가 11,131명이 사망한 것으로 발표했지만, 피해 규모는 훨씬 컸을 것으로 본다. 사망자 집계보다 더 중요한 것은 여수, 순천 주민들에게 남은 낙인이었다. 희생된 가족은 '빨갱이 가족'이라는 낙인 속에서 수십 년이 넘는 세월을 속앓이해야만 했다.

빨갱이의 탄생

제주 4.3 사건과 여순 사건을 통해 대한민국에는 새로운 존재가 탄생했다. 바로 빨갱이다. 물론 빨갱이는 여순 사건 이전에도 존재하던 표현이었지만, 이승만 정권은 여순 사건을 계기로 '공산주의자는 빨갱이'라는 공식을 넘어 '빨갱이는 악마'라는 등식을 완성한다. 빨갱이란 언제 죽여도 상관없는 존재라는 의미였다.

이제 그 누구도 사상과 이념에서 자유로울 수 없었다. 한국에서 유일하게 살아남을 수 있는 사상은 '반공(공산주의에 반대함)'뿐이었다. 대한민국은 이후 군 내부의 숙군 작업(군 기강을 바로잡기 위해 군 내부의 부정과 불상사 관련 사람이나 불순분자들을 인사 조치 등 하는 것)을 진행하고, 경찰과 청년단을 정비했으며, 국민 보도연맹(1948년 12월에 국가보안법이 시행됨에 따라, 좌익 전향자를 보호하고 지도한다는 명분으로 결성한 단체)을 결성했다. 그뿐이겠는가. 이후 계엄법과 국가보안법을 제정하며 완벽한 억압 구조를 완성한다.

여순 사건은 70년이 지난 지금까지도 존재하는, 이 공고하고 억압적인 구조를 완성한 사건이다. 학살에 그친 사건이라기에는 한국 사회를 너무나도 크게 변화시킨 것이다.

우리는 왜 친일파 청산에 실패했나?

반민특위는 1949년 8월 말까지 총 41명을 재판했다. 최고 중형에 해당하는 사형과 무기징역을 선고받은 자는 친일 고등계 형사 출신들이었고, 거물급으로 평가받던 대부분의 친일파는 무죄와 집행 유예 그리고 병보석 등으로 석방됐다. 정부 수립 이후 전 국민의 관심 대상이자 염원이었던 친일 청산이 허무하게도 처참히 실패한 것이다.

우리의 대한 임시 정부가 저 상해로 건너갈 때 임시 정부 요인을 살해한 그 자가 누구인가! 우리 대한 임시 정부의 요인을 살해한 자는 고등 형사들입니다. 이러한 악질분자를 우리가 독립하는 이 마당에 있어 가지고 도저히 용서할 수 없으며 (…) 국회의원 중 조봉암 선생의 손을 시방 본다면 어느 손을 보더라도 마디마디 안 끊어진 손가락이 없습니다. 독립하는 이 마당에 있어 도저히 용서할 수 없습니다.

1948년 제헌 국회에서 기자 출신 무소속 의원 이구수가 반민족행위처벌법(이하 반민법)이 왜 필요한지 설득하기 위해 했던 발언이다. 친일파를 용서할 수 없다는 것이 요지였다. 해방이 되고도 3년이 넘은 시점에 왜 여태 친일파 처벌에 관한 이야기를 핏대 세워가며 해야 했을까?

반쪽짜리 나라에서 시작된 친일파 청산의 꿈

1945년 8월 15일, 일본은 패망했다. 하지만 한국은 크게 두 동강이 났고, 남과 북은 미군과 소련군이 각각 점령했다. 그러고는 이념을 잣대로 각자 끝없는 학살과 폭력을 자행했다. 이 폭력의 한가운데서 일본 제국주의에 기대, 조선인이지만 조선인을 억압해 온 친일파들은 끝내 살아남았다.

그들이 살아남은 이유는 능력과 자질 덕분이었다. 미군정에 있어 남한을 관리하기 위해 가장 필요한 것은 '자질을 갖춘 사람'들이었다. 다시 조선 총독부 산하 관리들이 행정을 책임졌고, 일제 경찰로 복무했던 조선인 경찰들이 치안을 맡았다. 특히 미군정은 경무국이라는 이름의 치안 담당 기구를 두고 남한을 관리했다.

결국 위에서 일본말로 명령하느냐, 영어로 명령하느냐의 차이였다. 이들에게는 공산주의자를 박멸하라는 업무가 주어졌는데, 반공

이념은 식민지 시기에도 강력한 통제를 위해 마련된 익숙한 사상이었다. 덕분에 미군정은 이들을 신뢰하며 일을 맡길 수 있었다.

더욱 심각했던 것은 좌우 갈등 속에서 사람을 판단하는 기준이 변화했다는 점이었다. 친일보다 친공인지, 반공인지가 더 중요해졌다. 이념으로 사람을 평가하게 된 것이다. 하지만 이를 그대로 받아들이지 않는 한국인도 많았다. 친일 청산을 위한 한국인들의 열망은 우려 속에서도 계속됐는데 1947년 7월 2일, 즉 정부 수립 1년 전에 이미 남조선 과도 입법 의원(1946년 미군정이 정권을 인도하기 위해 설립했던 과도적 성격을 띤 입법 기관)에서 친일 청산을 위한 특별 법률 조례 제정에 성공한다.

그러나 아직 나라가 없었고, 최종 결재자는 미군이었다. 결국 이 조례는 미군정의 인준 거부로 삽도 뜨지 못한 채 묻힌다. '나라가 제대로 만들어진 후 해도 늦지 않다'는 이유에서였다. 미군정이 군불을 피자 국내 언론도 친일 청산을 정부 수립 이후로 미루자는 논리를 받아들인다. 그리고 1년 뒤, 바라 마지않던 나라가 섰다. 반쪽짜리였지만 친일 청산이라는 대의가 출발할 수 있게 됐다.

새로운 나라,
새로운 출발을 염원하며

제주에서 피의 이념 청소가 자행되었던 1948년 5월 10일을 지나,

결국 남한은 선거를 통해 1948년 5월 31일에 제헌국회를 구성한다. 공식적으로 제1회 국회가 열린 것이다. 몇몇 국회의원은 정부 수립 후 친일 청산을 하겠다던 국민과의 약속을 잊지 않았다. 그리고 헌법 제101조에 "악질적인 반민족 행위자를 처벌하는 특별법을 제정할 수 있다"라는 내용을 명기한다.

이후 국회는 헌법에 명기된 내용에 근거해 반민법 제정을 서두른다. 곧 특별 위원회가 설치됐고, 위원을 구성했다. 이들은 서둘러 반민법 초안을 만들었고, 9월 7일에 찬성 103명, 반대 6명으로 반민법이 통과된다. 친일 청산을 위한 한국인들의 열망이 실현되는가 싶었다.

그런데 문제는 정부였다. 국회에서 정부로 이송된 반민법안은 반려된다. 반민법이 위헌의 소지가 있다는 이유에서였다. 반민법을 이행하기 위해서는 특별 재판부가 필요한데, 특별 재판부가 사법부 위에 서게 되니 이는 사법권 침해라는 것이었다.

핑계는 그럴싸했지만 이제 막 삽을 뗀 정부의 입장에서는 반민법이 부담스러울 수밖에 없었다. 반민법이 적용되는 순간, 행정과 치안 업무는 마비될 수 있었다. 행정과 치안을 담당한 이들이 대부분 식민지 시기 친일 행위를 일삼았던 이들이었기 때문이다. 하지만 정부는 반민법을 끝내 거부하지는 못했다. 행정 공백 못지않게 국민감정도 중요했기 때문이다. 1948년 9월 22일, 이승만 대통령은 결국 반민법에 서명한다.

국회는 곧 반민족 행위자 즉, 친일파 처벌을 위한 조사를 위해 국회의원으로 구성된 반민족행위특별조사위원회(이하 반민특위)를 설치한다. 반민특위 소속 조사위원은 식민지 시기의 관공서 문서, 신문, 출판물 등을 뒤져가며 명부 작성에 돌입했다. 명부가 작성되면 특별 검찰부가 검토하고, 검찰 수사 뒤 기소 여부가 결정되면 대법원에서 설치한 특별 재판부에 넘겨져 재판받는 구조였다.

특별 위원회부터 특별 재판부 그리고 특별 검찰부까지, 모든 구성에는 국회의 입김이 막강했다. 국회위원은 반민특위에 소속돼 실제 조사를 담당할 수 있었고, 특별 검찰부와 특별 재판부의 부장을 선출할 권한을 가지고 있었다. 사실상 국민이 직접 뽑은 국회가 친일 청산의 앞단에 서서 진두지휘하는 모양새였다.

반민특위 본부가 있던 옛 제국은행 경성 지점 건물

새로운 출발보다 구태를 선택하다

그런데 반민법이 만들어지던 순간부터 시비를 걸어오던 존재가 있었으니 행정부, 더 정확히는 행정부의 수장 대통령이었다. 이승만 대통령에게 반민법은 삼권 분립을 무시하는 비정상적인 법이었다. 특별 재판부가 사법부 위에 있는 존재라고 여겼기 때문이다. 이 시비는 상당히 파괴력이 컸는데, 이 법이 위헌이라고 판단되면 반민법 자체가 무효화될 수도 있었기 때문이다.

더불어 이승만 대통령은 수차례의 담화를 통해 반민특위 활동을 방해했다. 담화의 요지는 언제나 비슷했다. 가혹한 처벌보다 동족을 애호하자는 도리를 강조한 것이다. 속내와 달리 국민을 설득할 때만큼은 온정주의적인 태도를 보이며, 우리끼리 싸우지 말자고 호소했다. 이념 청소에 잔인하기 그지없던 그의 입에서 나온 말이라고는 믿기 어려운 표현들이었다.

이와 같은 위험성을 안고도 반민특위는 국민들의 엄청난 호응 속에서 중앙청에 중앙 사무국을 두고, 도별로 조사부를 조직하면서 활동에 열을 올린다.

> 36년간 일제의 앞잡이로 조국과 동족을 좀먹던 친일파 민족 반역자에 대한 불타는 원한과 울분을 이제 태극기 날리는 하늘 아래 우리 소리쳐 푸는 날이 돌아왔다. (…) 비록 군정 3년간의 후덕으로 이들 친일파와 반역자들이 뼈를 깎는 듯한 참회 대신

간교한 변명을 일삼고 대로를 활보하는 양을 주먹을 쥐가며 보아왔으나 오늘 모든 요운(妖雲)이 걷혀버린 푸른 하늘 아래 우리 등에 채찍을 내리고 주검의 터전으로 몰아내던 이들 매국도배를 조국과 민족의 이름으로써 우리 손으로 심판 처단하는 날이 돌아왔다.

_ 고원섭, 《반민자죄상기(反民自罪狀記)》

당시 한국인들이 반민족 행위자를 어떻게 인식하고, 어떤 감정으로 바라봤는지를 명확히 말해 주는 구절이다. 3년 동안 한국인들은 친일 청산을 하지 않은 것이 아니라 못했던 것임이 명확했다. 그리고 이제 그들을 제대로 단죄할 힘이 생겼다고 생각했다.

대통령이 가로막은 친일파 처벌

1949년 1월 8일, 첫 체포자가 나온다. 화신백화점 사장 박흥식이었다. 박흥식은 중일 전쟁 이후 1937년 중추원 참의가 되어 군용 비행기 헌납 운동에 앞장섰으며, 전쟁 말기에는 조선 청년들에게 전쟁에 나가 싸우라 외치던 인물이었다. 그랬던 그가 해방 이후에도 왕성한 기업 활동을 이어갔고, 미군정의 비호 아래 폭리와 횡령을 일삼았음에도 무죄를 받았다.

박흥식은 반민특위 활동이 시작되자 미국 비자를 받는다. 충분히 도피를 의심받을 만한 상황이었다. 특별 검찰부는 곧 박흥식을 1호 체포자로 낙점하고, 비상구를 통해 도피하려던 그를 체포한다.

이후 일제 밀정 출신 언론사 사장으로 반민특위 반대를 주장하던 이종형을 체포한다. 뒤이어 이광수와 최남선, 최린 등 A급 친일파를 체포한다. 그렇게 발부된 영장만 126건이었다. 체포 건수 106건, 기소 23건, 증인으로 호출된 이들만 251명이었다.

국민들은 친일파들이 재판을 받는 상황만으로도 통쾌해 했다. 게다가 재판 중 친일파들의 구차한 자기변명은 엄청난 공분을 샀다. 반민특위는 국민적 신임을 얻으며, 친일 청산 작업에 박차를 가한다.

그러던 1949년 1월 26일, 드디어 악질 친일 경찰이자 독립운동가를 고문한 인물로 악명이 높았던 노덕술을 체포한다. 그런데 이승만

반민특위에 의해 체포돼 법정에 들어서는 노덕술(왼쪽)

대통령이 노덕술의 석방을 요구한다. 미군정 때 치안을 담당한 공이 있다는 것이었다. 이에 반민특위는 이승만 대통령의 요구를 거부한다. 이승만은 대통령으로서 자신이 반민특위에 할 수 있는 요청을 했다고 생각했다. 그런데 이를 거절당하자 기분이 몹시 상했다.

이승만 대통령은 곧 담화문을 통해 반민특위를 위법으로 규정한다. 그것도 그냥 위법이 아닌 '헌법 위반'이라는 것이다. 이후 행정부는 대통령이 반민특위 활동에 참여할 수 있도록 반민법을 개정하라고 국회를 압박한다. 하지만 국회는 행정부가 제출한 개정안을 부결해 버린다.

이후 행정부는 반민특위 활동을 노골적으로 방해한다. 정부는 곧 처벌될지 모를 친일 경찰 출신들을 활용해 반민특위 간부들을 뒷조사하거나 심지어 반민특위 위원들을 암살하기 위한 음모까지 벌인다. 이 과정에서 이승만 대통령과 행정부는 일부 친일 경찰의 반민특위 방해를 오히려 부추기기까지 한다.

결국 무엇도 청산하지 못했다

그러나 방해 공작만으로 무력화할 수 없었던 정부는 국회 자체를 완전히 전복할 수 있는 사건을 계획한다. 이른바 국회 프락치 사건이었다.

1949년 6월 당시 국회 부의장 김약수를 비롯한 진보적 소장파 의원들이 미국과 소련군의 완전 철수와 남북 정치 회의 개최를 주장하며 '평화 통일 방안 7원칙'을 제시한다. 정부는 이를 기회로 삼아 "남로당 프락치(공작원)가 국회에 침투해 첩보 활동을 하고 있다"라며 김약수를 포함해 평화 통일을 주장한 국회의원 13명을 검거한다.

사건은 엄청난 파장을 낳는다. 이는 남과 북에 각 정부가 수립된 지 이제 막 1년이 되는 시점에 터진 최초의 간첩 사건이었다. 조사 대상은 대부분 반민특위에 참여 중이던 진보 계열의 국회의원들이었다. 간첩으로 구성된 반민특위라니, 이후 반민특위는 지위와 정당성에 큰 타격을 입는다.

한번 위상이 꺾인 반민특위는 경찰의 반격에 무기력하게 당할 수밖에 없었다. 경찰의 처단 대상은 더 이상 민족을 위해 친일 청산에 앞장서는 국회의원일 수 없었다. 그저 빨갱이일 뿐이었다. 그리고 정부가 짠 거대한 판에 놀아난 것은 국민이었다. 6월 3일 "반민특위 내 공산당을 숙청하라"라는 구호와 함께 반민특위 사무실은 습격받았다. 반민특위는 습격에 따른 경호를 요청했지만, 경찰은 이를 무시한다.

사흘 뒤인 6월 6일에는 경찰이 직접 나서서 반민특위 본부를 습격하고 위원을 연행했다. 다량의 서류가 압수됐고, 위원들을 지키던 특경대는 해산됐다. 당시의 상황은 급박하고 위험했는데, 소식을 듣고 온 권승렬 특별검찰부장의 권총을 탈취할 정도였다. 그만큼 반민특위에 의해 체포될 운명이던 친일 경찰들은 다급했다.

경찰은 습격에서 한발 더 나아간다. 서울시 경찰국 9천여 명이 반민특위 간부 교체와 경찰의 신분 보장, 특경대 해산을 요구하면서 집단 사표를 제출하며 정부, 정확히는 국회를 압박한다.

정부는 경찰의 손을 들어준다. 반민특위의 활동은 위축될 수밖에 없었고, 한 달 남짓이 지난 1949년 7월 6일 반민법의 공소 시효를 단축하자는 개정안이 국회를 통과한다. 남은 시간은 9월까지였다. 그 기간 동안 반민특위가 할 수 있는 일은 거의 없었다. 동력을 잃은 반민특위 참여 위원들은 전원 사임 의사를 밝힌다.

곧 기존의 반민특위 위원을 대신해 새로운 반민특위 위원들이 선임된다. 하지만 어차피 파장을 앞둔 반민특위 활동에 그 누구도 적극적일 수 없었다. 심지어 반민특위의 새로운 위원장으로 선출된 이인은 사임서를 두 번이나 국회에 제출했다.

결국 사임서가 반려되어 반민특위를 자기 손으로 마무리해야 했던 이인 위원장은 공소 시효가 완료되던 1949년 8월 31일, 치욕적인

1949년 반민특위 재판 공판 모습

담화문을 발표한다. 이 치욕을 감추기 위해 그가 선택한 표현은 "반민특위 사업에 대한 견해가 사람마다 다르다"라는 것이었다. "이 정도면 민족정기를 바로잡을 수 있다"라는 자화자찬도 잊지 않았다. 1949년 9월, 반민특위는 모든 일정을 마무리했고, 10월에 문을 닫는다.

반민특위는 1949년 8월 말까지 총 41명의 재판을 진행했다. 그중 실형을 선고받은 사람은 15명이었다. 중형에 해당하는 사형과 무기징역을 선고받은 자는 친일 고등계 형사 출신들이었고, 거물급이라고 평가받던 대부분의 친일파는 무죄와 집행 유예, 병보석 등으로 석방됐다.

정부 수립 이후, 전 국민의 관심 대상이자 염원이었던 친일 청산은 그야말로 허무한 실패로 끝이 났다.

전쟁의 총알은 사람을 가리지 않는다

한국 전쟁에서 민간인 피해는 대부분 전투와 크게 관련 없던 후방에서 벌어졌다. 게다가 민간인 피해의 많은 사례가 학살이었다. 전쟁이야말로 학살이 일어날 수 있는 최상의 조건이기 때문이다. 전쟁이 만든 혼란과 불안은 우리와 타자를 구분케 하고, 이내 타자를 향한 폭력을 정당화한다. 그런 행위야말로 전쟁의 본분이고, 전쟁에서 승리하는 길이라 믿기 때문이다.

북한의 도발이 있을 때면 입에 거품을 물고 전쟁 불사를 외치는 이들이 있다. 마치 손쉬운 체스 게임이라도 하듯 말이다. 단언컨대 그들 대부분은 전쟁을 경험하지 않았다. 그렇기에 전쟁 불사론은 그저 헛되다. 어차피 전쟁은 입으로 하는 것이 아니기 때문이다. 전쟁은 체스라기보다 목숨을 걸어야 하는 러시안룰렛에 가깝다.

한편 전쟁은 군인들만의 싸움도 아니다. 전투 중 수천 발의 총알로 점령지를 한 보씩 전진할수록 전범의 훈장은 늘어갈지언정 민간인들의 시체는 수십 구씩 쌓여간다.

그렇다고 수천수만의 총알을 뿌려댄 병사들이 전쟁의 책임을 져야 하는가? 당연히 그렇지도 않다. 그들 중 상당수는 전쟁이 무엇을 위한 것인지 스스로 알지 못한 채 끌려와, 왜 쏴야 하는지 모른 채 민간인을 향해 총을 난사한다.

한국 전쟁도 마찬가지였다. 이념 갈등에 경도된 전쟁 불사론자들의 활극에 희생된 것은 결국 민간인과 총알받이로 죽어나간 병사들이었다. 피해는 남북한을 가리지 않았다. 더욱 안타까운 사실은 민간인 피해의 대부분이 전투와 크게 관련 없었던 후방에서 벌어졌다는 점이다. 게다가 민간인 피해의 많은 사례가 학살이었다.

남과 북에서 이념에 따른 학살은 이미 전쟁 이전에도 벌어졌다. 하지만 전쟁이 터지자 특정 지역에서 벌어지던 학살이 전국으로 퍼진다. 전쟁이야말로 학살이 일어날 수 있는 최상의 조건이기 때문이다. 전쟁이 만든 혼란과 불안은 '우리'와 '타자'를 구분케 하고, 타자를 향한 폭력을 정당화한다.

그런데 한국 전쟁 때 벌어진 학살의 문제점은 학살의 '주체'였다. 학살을 일으킨 장본인이 남북의 국가 권력이었기 때문이다. 남한은 빨갱이 사냥에 혈안이었고, 북한은 흰 패 사냥(공산주의에 동조하지 않는 자들을 사냥하는 것)에 열을 올리며 이념에 따른 정치적 학살을 자행했다.

더 큰 문제는 한국 전쟁의 전선 이동 과정에 있었다. 전쟁 초기, 낙동강 하구까지 밀렸던 국군은 인천 상륙 작전 이후 압록강까지 밀고 올라갔으나, 중공군의 참전으로 다시 서울을 빼앗겼다가, 지금의 휴전선까지 수복했다. 하루가 달리 점령군이 뒤바뀌는 과정에서 부역자를 찾아내겠다는 명분의 보복성 학살이 일어났다. 이 모든 과정이 바로 전쟁이었다.

적이 된 이웃, 인민군

전쟁 이전의 이념 청소는 남한에서만 일어난 것이 아니었다. 해방 이후 3.8선 이북은 소비에트 연방 공화국, 즉 소련군 통치하에 있었다. 북한은 남한과 달리 빠르게 안정을 찾아가는 듯했다. 당시 인구의 절대다수를 점하던 농민, 그것도 소작농을 향한 정책이 공격적으로 시행됐기 때문이다.

1945년 10월에 조직된 조선 공산당북조선분국(북한 지역의 독립적 공산당 조직) 주도로 이북5도행정위원회가 설치됐고, 이듬해 2월에는 북조선임시인민위원회가 조직되어 토지 개혁을 단행했다. 이른바 '무상 몰수', '무상 분배'를 원칙으로 실제 농사짓는 농민에게 땅을 공짜로 나눠준 것이다. 농민들의 확고한 지지 속에서 1947년 2월, 일종의 최고 행정 집행 기관인 북조선인민위원회가 조직된다.

이때 북한에서도 남한과 똑같은 일이 벌어진다. 공산주의 정권이 수립되는 과정에서 3.8선 이북에 살고 있던 자본가와 유산 계층이 희생된 것이다. 이들은 재산을 몰수당했고, 어쩔 수 없이 살기 위해 목숨 걸고 남한으로 월남했다. 토지 개혁에 저항하다가 학살당한 이도 있었다. 남북한은 데칼코마니처럼 각자의 이념적 지향을 폭력으로 관철하며 상대방을 피로 굴복시켰다.

그리고 다음 해인 1948년 2월, 조선인민군이 창군된다. 조금 이상하지 않은가? 나라가 없는데 군이 먼저 조직됐다는 사실이 말이다. 북한이 정부 수립 이전에 이미 조선인민군이라는 정식 군대를 먼저 조직한 이유는 다양하게 해석될 테다. 처음부터 전쟁을 염두에 뒀다고 여길 수도 있고, 북한 정권이 만들어지는 과정에서 결정적 역할을 했던 인물들이 무장 투쟁을 했기에 그랬는지도 모르겠다.

이유가 어쨌든 간에 군을 먼저 조직한 북한은 얼마 뒤인 1948년 8월, 최고인민회의의 대의원선거를 통해 수상에 김일성, 부수상에 박헌영과 홍명희를 선출한다. 그리고 한 달 뒤, 조선민주주의인민공화국 헌법을 채택하고, 공식적으로 정부를 수립한다. 군 조직은 남한

조선인민군 창군

보다 빨리, 정부 수립은 남한보다 미룬 것이다. 이는 분단의 책임을 남한에 미루고자 했던 북한 정권의 노림수였다. 남한이 먼저 정부를 수립했으니, 자신들도 어쩔 수 없이 독자적으로 새로운 정부를 만들었다는 논리였다.

남과 북이 서로 다른 정부를 수립한 시점부터 둘은 적이었다. 서로 한반도 유일의 합법 정부임을 주장해야 했기 때문이다. 3.8선은 사실상의 국경선이었지만, 남과 북 모두는 이를 국경선으로 인식하지 않았다. 양측에게 3.8선 너머의 땅은 그저 언젠가 되찾아야 하는 땅이었고, 그래서인지 3.8선 주변에서 끊임없이 싸웠다.

전면전의 형태가 아니더라도 국지전 형태로 서로의 땅을 야금야금 침범했다. 언제 터져도 이상할 것이 없는 거대한 활화산 같았다. 이때 북한은 야금야금의 수준을 넘어, 3.8선 너머의 땅끝까지 붉은 혁명의 물결이 닿기를 꿈꾼다.

결국 북한은 1949년 3월에 소련과 비밀리에 군사 협정을 체결하고, 소련의 지원 속에서 계획적으로 군사력을 증강한다. 이후 중국공산당과도 상호 방위 조약을 맺는다. 조약 체결과 함께 중국의 국공 내전이 어느 정도 정리되자, 중국 공산군에 소속되어 있던 조선군 2만 5천 명이 북한에 인도된다. 얼마 뒤 10개의 인민군 사단 13만 명이 3.8선에 배치되고, 10만 명의 예비군까지 후방에 조직된다.

여전히 혼란스러웠던 남한의 상황

차근차근 전쟁을 준비하던 북한과 달리 남한의 상황은 혼란했다. 제주 4.3 사건과 여순 사건 그리고 군 내부의 숙군 작업으로 이념 청소에는 꽤 진척이 있었다. 하지만 반민특위의 실패로 정권에 대한 신뢰는 떨어졌고, 국군의 병력과 장비는 열악했다.

남한이 불안감 속으로 빨려 들어간 결정적 사건은 주한 미군의 철수였다. 사실상 인민군은 비밀리에 소련의 막대한 군사적 지원을 받고 있었지만, 명목상 소련군이 철군한 상황에서 미군이 남한에 남을 명분은 없었다. 이후 1949년 6월 29일, 공식적으로 500여 명의 군사고문단만 남긴 채 주한 미군은 철수한다.

1949년 10월, 중국이 공산화되자 전면전을 마음먹은 김일성은 1950년 4월 모스크바를 방문해 스탈린에게 전면전 개시에 동의해 달라고 부탁한다. 1950년 5월, 결국 스탈린과 중국의 마오쩌둥이 북한의 전쟁 계획에 동의한다. 심지어 마오쩌둥은 미군이 참전할 경우, 중국의 병력 파견까지 약속한다. 든든한 우군을 포섭한 김일성은 전면전 날짜를 확정한다. 바로 운명의 1950년 6월 25일이었다.

민간인 사망자가 국군 사망자보다 더 많았던 현실

북한이 시작한 전쟁의 목적은 명확했다. 통일이었다. 이는 분명히 한반도 전체를 공산화하려는 것이었다. 그럼 적은 누구였을까? 공산화에 반대하는 모두가 인민군의 적이었다. 인민군은 전쟁 중에 적을 관리할 필요가 있었다. 이를 위해 인민군이 점령한 지역에서는 남아 있던 소수 좌익 세력을 활용해 인민위원회를 재건한다.

재건된 인민위원회의 업무는 경찰과 공무원을 비롯한 우익 인사를 처리하는 것이었다. 이들이 처음 선택한 방식은 격리였다. 일종의 정치범인 이들을 지역민들과 격리하고, 교화소를 설치해 수용했다. 초기에 점령 지역민의 여론이 악화되면, 오히려 점령지의 상태가 불안정하게 될지도 모른다는 판단이었다.

오히려 이 시기의 학살은 국군에 의해 시작된다. 가장 대표적인 사건이 보도연맹 학살이다. 남한은 정부 수립 과정 그리고 전쟁 직전까지도 정치·사회적으로 불안했다. 특히 여순 사건은 군 내부에서 벌어진 반란이었기에 불안감은 증폭될 수밖에 없었다.

이 불안을 잠재우고자 국가보안법이 제정된다. 일제 강점기의 치안유지법을 쏙 빼닮은 국가보안법의 핵심은 좌익 단체를 불법화하는 것이었는데, 한편에서는 한때 좌익이었던 자들을 보호하고 지도하기 위한 단체인 보도연맹이 탄생한다.

보도연맹은 할당식으로 전국에서 가입이 진행됐는데, 이조차 일제 강점기 때 강제 동원의 메커니즘을 그대로 답습한 것이다. 가입 인원을 늘려야만 했기에 가입은 강제적으로 이루어졌고, 그러다 보니 좌익 경력자가 아닌 사람들까지 보도연맹에 다수 가입하게 됐다. 그러나 안타깝게도 보도연맹원은 가입과 동시에 정권에 의해 요시찰 대상이 됐다.

학살은 바로 이 좌익 전향 단체인 보도연맹원들을 대상으로, 한국 전쟁 발발 직후부터 전국적 그리고 체계적으로 발생했다. 이승만 정권에 의해 요시찰 대상으로 인식됐던 이들은, 전쟁과 동시에 실질적인 적이 되어버렸다. 이승만 정권에게 전쟁은 인민군뿐 아니라 내부의 적, 보도연맹과의 싸움이기도 했다.

전쟁 초기, 전투로 죽어간 전투원만큼 국군과 경찰에 의해 예비적으로 학살된 민간인 수도 늘고 있었다. 보도연맹원은 형무소 재소자나 정치범이 학살될 때 동시에 학살됐다. 보도연맹 학살 사건 피해자가 정확히 얼마나 되는지는 알 수 없다. 현재까지 4,934명이 처형당했다고 조사됐지만, 이는 매장 추정지 168곳 중 7.7%, 우선 발굴 대상지 39곳 중 33%만 발굴이 이뤄진 후의 통계다(2012년 기준). 그리고 이를 기반으로 추산하면 전체 사망자 수는 약 20만 명 정도로 예상된다. 한국 전쟁 당시 국군의 사망자가 13만 7천여 명으로 추산되니, 보도연맹원에 대한 학살 수준을 가늠할 수 있을 것이다.

가해자가 피해자로,
피해자가 다시 가해자로

국군은 인천 상륙 작전을 성공시킨 후, 3.8선 이북으로 북진했다. 인민군이라고 가만히 있었을까? 그들도 불안하기는 마찬가지였다. 바로 이때부터 본격적인 인민군의 학살이 시작됐다.

인민군이 급박하게 후퇴하는 과정에서 우익 인사들은, 지역에 남은 좌익 인사를 보복할지 모를 위협 세력이었다. 그래서 인민군은 빨갱이 사냥의 최전선에 있던 경찰이나 우익 청년 단원들을 학살했다.

이 보복 학살이 더욱 가슴 아픈 이유는 인민군이 우익 인사를 체포하는 과정에서 보도연맹 사건의 피해자 유가족들이 적극적으로 개입했다는 사실이다. 자신의 가족과 친지를 학살로 내몬 이들을 또 다른 학살의 피해자로 만든 것이다. 서로는 불과 수년 전까지 몸을 부대끼며 살아온 이웃이었다. 그러나 점령군이 바뀔 때마다 서로 손가락질하며 학살의 간접적인 가해자가 됐다.

그즈음 학살의 주체는 정부를 넘어선다. 전선이 위아래를 왕복하며 이동하자, 점령군의 얼굴이 바뀌던 지역에서는 곧바로 부역자(국가에 반역하는 일에 동조하거나 가담한 사람) 문제가 터진다. 이제는 누가 적인지 누가 아군인지도 헷갈렸다. 이 사단을 만든 것은 애초에 이념에 따라 나라를 나누고, 내부의 적을 만들고, 서로를 이간질하게 만든 옹졸한 양측 정권이었다.

보도연맹에서 시작된 민간인 학살은 부역자라는 새로운 희생자를 낳았고, 한국 전쟁 전 기간을 통틀어 부역자로 처리된 사람은 55만여 명이었다. 하지만 이는 그저 통계에 불과하다. 공동체는 파괴됐고, 더 이상 서로를 믿지 못하게 됐다. 누군가는 죄인이 됐고, 누군가는 빨갱이라 낙인찍혔으며, 누군가는 죽어나갔다.

1953년 7월 27일, 전쟁은 끝이 났고 이승만 정권은 더 강경하게 우리와 적을 나누며, 우리만의 국민 통합을 시도한다. 어느 한쪽의 완벽한 승리가 아닌, 정전停戰이라는 이름으로 마무리되자 어떤 이념이 더욱 정당한지는 국민의 지지로 결정해야 했다.

전쟁은 끝났고 학살도 마무리된 듯했지만, 학살 피해자의 가족들은 다시 불안에 떨어야 했다. 이승만 정권이 적으로 간주한 자들의 가족이었기에 피해에 대한 언급은커녕, 오히려 가족의 죄를 사죄하며 연좌제의 늪에서 벗어날 수 없었다.

전쟁 이후 더욱 매서워진 폭력에 대다수 평범한 이들은 할 말을 하지 못한 채 함구해야만 했다. 그리고 함구의 역사는 여전히 남아 국가에 의한 학살의 규모조차 제대로 파악하지 못한 상태다. 그것뿐이겠는가. 여전히 우리는 이념의 굴레에서 벗어나지 못한 채 우리와 타자를 나누며 살아가고 있다.

일본에서도 이념으로 나뉘어야 했던 조선인들

북한의 국가 대표로 선발됐다가, K리그에서도 활동했던 축구 선수 정대세의 인생은 복잡하고 다사다난했던 재일 코리안**들의 역사를 있는 그대로 보여준다. 대한민국 국적의 아버지와 조선적의 어머니 그리고 조선 학교에 다녔던 그의 이력이 그렇다. 해방 후 일본에 남았던 한국인들은 왜 서로 다른 국적을 보유해야 했고, 그들이 다닌 학교는 대체 어떤 곳이었을까?

2010년, 남아프리카 공화국 월드컵에서 브라질과 북한의 경기가 있었다. 북한의 국가가 흘러나오자 폭풍 같은 눈물을 흘리던 한 선수가 전 세계인의 이목을 집중시켰다. 바로 축구 선수 정대세였다. 그

** 일본에 거주하는 한국인 중, 해방 이전부터 일본에 거주하던 이들과 그들의 자손을 통칭하는 표현은 '재일 코리안'이라는 표현이다. 이는 분단 이후 이들이 선택한 다양한 국적, 가령 대한민국과 북한, 조선적 그리고 일본까지 모두 포괄하는 표현으로 최근 활발히 사용되고 있다. '재일 한국인', '재일 동포', '재일 교포'는 한국 국적을 취득한 이들을 일컫는 표현으로, 이들을 아우르기에 한계가 있다. 여기서도 재일 코리안이라는 단어를 사용했으며, 대한민국 국적을 선택한 이들은 '재일 한국인'이라 일컬었다.

는 왜 그토록 서럽게 울어야만 했을까?

그의 아버지는 경상북도 의성군 출신의 재일 코리안 2세, 어머니는 조선적 즉, 해방 이후 남과 북 어디에도 국적을 신고하지 않은 무국적자였다. 정대세는 어렸을 때부터 조선 학교에 다녔는데, 이는 재일본조선인총련합회가 재일 코리안을 위해 설립한 학교였다. 쉽게 말해, 북한의 이념을 따르는 학교라는 뜻이다.

정대세는 아버지를 따라 대한민국 국적을 취득했지만, 조선 학교에서 교육을 받고 축구 선수로서의 꿈도 키웠기에 북한의 국가대표가 되기를 원했다. 그리고 축구 실력이 뛰어났던 그가 북한의 국가대표가 되겠다고 하자 특히 한국 언론과 일부 네티즌들은 그를 공격하는 데 열을 올렸다.

이후로도 그의 북한 국가대표 선발 이력은 선수 생활에 늘 걸림돌이 됐다. 그가 흘린 눈물은 아마도 가시밭길을 예고함과 동시에 그가 조국이라 여겼던 북한에 대한 나름의 애국심의 의미였을 것이다.

그의 인생은 복잡하고 다사다난했던 재일 코리안들의 역사를 그대로 보여준다. 해방 이후 일본에 남았던 한국인들은 왜 서로 다른 국적을 보유해야 했고, 그들이 다녔던 학교는 대체 어떤 곳이었을까?

일본 땅에서 맞이한 해방

해방을 맞이했지만 그게 끝이 아니었다. 해외에는 무려 500만 명이 넘는 이들이 남아 있었고, 그중 220만 명이 일본에 있었다. 대부분 돈을 벌기 위해 일본에 체류했거나 강제 동원으로 끌려온 이들이었다. 해방의 기쁨으로 조국에 돌아갈 날을 꿈꾸던 사람도 있었지만, 현실적으로 귀국이 쉽지 않았던 이들도 있었다.

일본은 패망 이후, 본국의 재일 코리안에 대한 피해 보상을 마련하지 않았다. 패망 직전까지 일본 국적이던 재일 코리안들은 막바지까지 전쟁을 위한 노동력으로 활용되다가 패망과 동시에 조선 국적자로 신분이 변경됐다.

하지만 귀국은 쉽지 않았다. 결정적으로 '1인당 현금 1천 엔 이내만 지참'이라는 규정이 있었는데, 목숨 걸고 노동하며 번 재산을 한국으로 가지고 갈 수 없다는 뜻이었다.

더불어 한국은 엄청난 혼란기였다. 좌우 갈등은 극에 달했고, 경제 상황도 불안했다. 극심한 인플레이션으로 물가는 치솟았고, 취업난은 말할 수 없을 정도였다. 심지어 귀국 후 일본으로 다시 밀입국하는 사람들도 늘었는데, 이들이 한인 사회에 전달한 한국의 현실은 귀국을 가로막는 중요한 변수였다.

결국 60만 명에 달하는 조선 국적자가 일본에 잔류한다. 말이 조선 국적자였지, 조선이라는 나라는 이제 존재하지 않았기에 사실상의 무국적자가 돼버린 상태였다.

그리고 1952년, 일본이 미군으로부터 독립한 이후 이들은 공식적인 무국적 외국인이 된다. 죽기를 각오하고, 모든 재산을 포기하고 전쟁 중이던 고국을 선택할 수 있는 사람은 많지 않았다. 그러나 이들의 잔류는 어디까지나 잠정적이었다. 재일 코리안 1세대들은 고국으로의 귀국을 꿈꾸며 상황이 안정되기를 기다렸다.

한편 재일 코리안들은 해방과 동시에 자신들을 보호하기 위해 조직을 만들어나갔다. 우후죽순처럼 만들어진 자치 조직은 일본 전국에 300여 개가 넘었는데, 대부분 귀환하는 한국인들을 후원하거나 서로 간의 마찰을 방지하고 일본에서의 생활을 보호해 주는 역할을 담당했다.

모든 단체가 그렇듯 비슷한 단체들이 흩어져 활동하면 동력이 분산되기 마련이다. 곧 이들을 규합하자는 목소리가 등장했고, 1945년 9월 10일 재일조선인연맹중앙위원회가 설립된다. 이들은 각 지방 대표 5천여 명이 참석하는 전국 대회를 열고, 재일조선인연맹(이하 조련)을 결성한다. 국내의 상황과 달리 일본 땅에서나마 통일된 조직이

재일본조선거류민단 창립 1주년 기념 대회 및 개천절 기념식

만들어지나 싶었다.

하지만 조련과 다른 계열의 단체가 하나 등장한다. 1946년 10월에 재일본조선거류민단이 발족하는데, 이를 주도적으로 만든 인물이 바로 박열이었다. 박열은 간토 대학살 때 투옥됐다가 해방과 동시에 석방된 인물로, 윤봉길, 이봉창, 백정기 의사의 유해 송환을 책임졌던 독립운동가 출신이었다. 그는 스스로 반공주의 노선의 신념을 밝히며, 조련에 대항해 신조선건설동맹을 결성했다가 이후 우파 계열 단체를 통합해 재일본조선거류민단이라는 새로운 조직을 만든 것이다.

그곳에서도 문제는 이념이었다

문제는 다시 이념이었다. 한국인을 위한다는 명분으로 조직된 정치 단체들도 곧 이념으로 양분됐다. 냉전은 그만큼 무서웠다. 한국인들은 바다 건너 이국땅 일본에서조차 나뉘어야 했다.

박열을 중심으로 한 우익 인사들이 조련에 반기를 든 이유는 단순했다. 공산당원 출신의 인사가 조련의 최고 고문으로 추대됐기 때문이다. 고문으로 추대된 김천해는 당시 일본 공산당의 중앙위원이었다. 이에 따라 조련은 공산주의자들의 조직으로 비춰졌고, 본의 아니게 정치색이 덧입혀졌다.

이념으로 나뉜 두 조직은 한국에서처럼 대립하며 치열하게 정치 투쟁을 했다. 각 단체에서는 청년들로 구성된 별도의 전위대를 조직하고, 끊임없이 유혈 사태를 양산했다. 국내의 신탁 통치를 찬성하는 좌익과 이에 반대하는 우익의 싸움이었다.

갈등은 한반도 상황과 연결되어 있었기에 1948년에 완성된 분단 체제는 두 단체의 성격을 완전히 고정한다. 대한민국 정부가 수립된 후, 1949년 1월 주일본 대표부가 설치되자 재일본조선거류민단은 명칭을 재일본대한민국거류민단(이하 민단)으로 바꾼다. '대한민국을 지지한다'는 확실한 시그널이었다. 그들에게 돌아갈 조국은 대한민국이었다.

조련도 이에 맞서 단체를 변화시켜 나갔다. 그러던 중 한국 전쟁이 발발했고, 1951년 1월 9일 재일조선통일민주전선(이하 민전)을 결성해 민단에 맞선다.

그러던 1954년 8월 15일, 북한이 던진 거대한 의제 하나가 재일코리안 사회를 뒤흔들었다. 북한의 남일 외무상이 제안한 남북 협상 회의 때문이었다. 북한이 남북한 각 정당과 사회단체를 아우르는 합동 회의를 제안한 것이다.

〈남조선 전체 인민에게 보내는 호소문〉이라고 불리는 '남일 성명'은 그야말로 파격적인 제안이었다. 성명의 진심 여부를 떠나, 분단 직전에 김구와 김규식이 목숨 걸고 북한을 향했던 남북 협상에 버금가는 제안이었다. 회담의 장소부터 논의 사안, 참여자까지 그 내용도 꽤 구체적이었다.

그러나 한국은 북한의 제안에 콧방귀도 뀌지 않았다. 북한의 의도가 너무나도 명백했기 때문이다. 북한은 한국 전쟁으로 더욱 확고해진 한미 관계에 대한 대응책으로, 평화를 제안한다는 명분 아래 결코 이루어질 수 없는 수준의 협상을 요구했다. 이로써 국제 사회에서의 고립을 피하려고 한 것이다.

하지만 재일 코리안 사회에서 남일 성명은 평화를 향한 호소문으로 해석됐고, 이 성명은 재일 코리안 유력 인사 136명에게 직접 전달됐다. 남일은 이외에도 재일 코리안 사회를 뒤흔들 만한 일을 꾸준히 진행했다. 일본 정부를 향해 "재일 조선인에 대한 억압 정책을 중지하라"라고 요구했고, "재일 조선인은 북한의 해외 공민"이라며 보호해 달라는 목소리를 내기도 했다. 1955년 2월에는 재일 조선인 보호를 명분으로 일본과 수교를 원한다는 성명도 발표했다.

재일 코리안 사회를 향한 남일의 광폭 행보에 민전은 재일본조선인총련합회(이하 조총련)로 새롭게 조직된다. 민단은 이에 맞서 한국 정부의 입장과 마찬가지로 남일 성명에 대한 반대 성명을 발표하고, 재일 코리안 사회를 향해 동요하지 말 것을 당부한다.

어이없게도 허울뿐인 평화 성명으로, 재일 코리안 사회는 대한민국과 북한을 지지하는 세력으로 양분되어 서로를 적이라고 인식했다. 불과 10년 전까지 일본을 적이라고 생각하며 함께 노예의 삶을 살았던 이들이, 이제는 서로를 향해 손가락질하는 형국이 되어버린 것이다.

북송 사업과 한일 회담이 흔들어놓은 재일 코리안 사회

한편 북한이 재일 코리안 사회에 허울뿐인 평화 성명을 한 데에는 이유가 있었다. 바로 북한의 노동력 문제를 재일 코리안 귀환 사업으로 해결하려는 계획 때문이었다.

남북한의 인구는 처음부터 차이가 났다. 해방 직후 남북한 전체 인구는 약 2,500만 명이었는데, 3.8선 이남에 약 1,600만 명, 이북에 약 900만 명 정도가 살고 있었다.

문제는 해방 이후 일본에서 3.8선 이북으로 이동한 귀환자가 1만 명이 채 되지 않았다는 사실이다. 애초에 3.8선 이북에서 일본으로 건너간 재일 조선인의 수는 많지 않았다. 3.8선 이북의 조선인들은 대부분 만주로 강제 징용됐기 때문이다. 게다가 중국에 건너갔다가 다시 3.8선 이북으로 돌아온 조선인의 수도 많지 않았다. 그래서 북한은 늘 노동력이 부족했다.

북한은 그 돌파구로 아직 많은 수가 남아 있는 일본 교포 사회에 관심을 보였다. 1957년, 북한은 2억 2,100만 엔 상당의 교육 원조비를 조총련에 송금하는데, 이 돈이 재일 코리안 사회에서의 북한 이미지를 완전히 바꿔버린다. 여전히 혼란한 빈곤국인 한국과 달리 북한은 발전된 나라라는 이미지가 덧씌워진 것이다.

이후 북한은 재일 코리안을 북한으로 귀국시키는 북송 사업에 박차를 가한다. 조총련은 북송 사업의 일본 내 주체로서 적극적으로 협력했고, 1959년 1월에 북한으로 귀국 신청을 한 재일 코리안만 11만 7천 명을 넘어섰다. 1959년 12월, 역사적인 북송 사업이 시작됐고 1959년부터 1984년까지 약 9만 명이 북송된다.

그렇게 70년이 흘렀다

북송을 계기로 재일 코리안 사회는 북한과 끈끈한 관계를 맺는다. 특히 일본 현지에서 북송 사업을 주관했던 조총련을 중심으로 교포 사회가 재구축된다. 북한에 가족을 보낸 재일 코리안들은 북한과 관계를 놓을 수 없었다. 이 시기 조총련이 압도적으로 성장한다.

그리고 얼마 뒤인 1961년, 군사 쿠데타로 권력을 장악한 박정희 정권이 한일 회담을 제안한다. 재일 코리안 사회는 반쪽짜리 정부인 대한민국이 자신들의 삶과 직접적으로 맞닿아 있는 중차대한 한일 회담을 일방적으로 끌고 가는 것에 분노했다. 졸속으로 진행되는 회담을 통해 자신들의 권리가 박탈당하고 있다고 느꼈다. 당연한 반응이었다.

한일 회담의 중요 의제 중 하나가 식민 통치에 대한 배상 문제였고, 여기에는 재일 코리안에 대한 처우도 포함되어 있었는데 충분한 협의가 이루어지지 않았기 때문이다. 이후 조총련을 중심으로 재조직된 재일 코리안 사회는 한일 회담 반대 시위를 연다. 그런데 졸속으로 체결된 한일 협정으로 재일 코리안 사회에서 대한민국 정부와 민단의 위세는 위축될 수밖에 없었다.

하지만 조총련 중심의 재일 코리안 사회도 다시 한번 재구축된다. 북송 사업의 결과가 좋지만은 않은 탓이었다. 지상 낙원을 꿈꾸며 출발한 이들은 곧 북한의 현실에 실망했다. 북한이 1960년대까지는 한국에 비해 다소 높은 경제성장률을 기록한 것은 사실이나, 당시 일본의 경제 수준에 비할 바는 아니었다. 일본은 연평균 성장률만 9.6%에 이르렀고, 일본인들의 소득은 급격히 향상됐으며, 소비 또한 엄청나게 신장하는 추세였다. 화려한 일본의 자본주의 경제 시스템 속에서 살아가던 이들이 마주한 조국의 현실은 초라하기 짝이 없었다.

북송 사업의 인기가 시들어가면서 조총련의 영향력도 조금씩 위기를 맞았다. 이후로도 민단과 조총련은 한반도의 정치적 상황과 계속해서 맞물리며 갈등에 갈등을 만들어나갔다. 서로는 남과 북 각 정

1971년 8월 20일 일본 니가타 항에서 북한으로 출발하는 여객선 앞 환송 행사

권과 협력하고 때로는 그들의 비호를 받으며 재일 코리안 사회를 갈라놨다. 한국이 유신 체제를 맞이했을 때 그리고 북한이 주체사상(김일성이 1967년 최고 인민 회의에서 발표한 내외 정책의 기본 방침)을 만들어 나갈 때 재일 코리안은 둘로 나뉘어 일본 땅에서 서로를 향해 날 선 입장을 견지했다.

그렇게 70년이 흘렀다. 전 세계적인 냉전의 흐름은 끝난 듯했지만, 한반도와 한국인이 살아가는 세상은 여전히 냉전의 그늘 속에서 헤어나오지 못했다. 일본이라는 타지에서 역사의 파도를 정면으로 맞아야 했던 정대세의 선택을 향한 비난도 이 그늘의 깊이를 말해준다.

반공의 광기가 지나간 대한민국에서 정대세의 역사는 여전히 빨갱이들의 역사다. 이러한 역사의 화해가 있지 않은 한 정대세의 눈물은 한국 사회에서 여전히 받아들여지지 않을 것이 분명하다. 언젠가 우리는 그와 함께 눈물을 흘릴 수 있을까?

어제의 동지가 오늘의 적이 되어야 했던 8월의 그날

북한이라는 나라가 태어나는 순간부터 지금의 모습이었냐고 묻는다면, 꼭 그렇다고 답할 수만은 없다. 처음부터 이상한 나라가 어디 있겠는가. 북한이 지금의 모습이 되기까지 분명 큰 곡절이 여러 번 존재했다. 그 시작은 바로 한국 전쟁이었다.

북한은 이상한 나라다. 조선민주주의인민공화국이라는 이름에 어울리지 않게 민주적이지도 않고, 인민이 주권을 가진 공화국도 아니다. 김일성부터 김정일, 김정은으로 이어지는 혈통으로 연결된 최고위급 지도자가 정치 · 사회 · 문화를 장악하고 통치하는, 그야말로 전근대적인 나라다.

북한이 태어나는 순간부터 그러했냐고 묻는다면 꼭 그렇다고 말할 수는 없다. 북한이 아무리 싫어도 '저 나라는 원래 그랬어' 하고 단정하는 것은 비역사적인 접근이다. 북한이 지금의 모습으로 변하기까지는 분명 큰 곡절이 여러 번 존재했다.

그 뿌리는 1925년 4월 17일, 조선 공산당의 창당으로부터 시작된다. 식민지 시기 조선 공산당을 중심으로 한 공산주의 운동은 때로는 독자적으로, 때로는 민족주의자 독립운동 세력과 연합하며 일제에 저항해 왔다. 또 한때는 공산주의 세력 내부에서도 서로 반목을 거듭하면서 독립운동을 넘어 해방 이후의 한국을 준비했다. 이 과정에서 공산주의 세력은 단일한 대오가 아닌 다양한 계파(소련군 휘하, 중국 팔로군 휘하, 국내 공산주의 계열 등)로 분열돼 존재했고, 그렇게 해방을 맞는다.

해방 직후의 3.8선 이북은 다양한 이념의 지도자들로 가득했다. 조만식은 대표적인 민족주의자로 평양을 중심으로 우익 세력을 결집했고, 김일성의 만주 항일 투쟁 세력은 소련을 등에 업고 세력을 확장하고 있었다. 이외에도 식민지 시기 국내에서 활동하던 공산주의 세력, 중국에서 활동하던 연안파 세력, 미군정의 탄압을 피해 3.8선을 넘어온 거물급 공산주의자 박헌영까지 존재했다.

하지만 남한에서 미군정의 지지를 받은 이승만 세력이 권력을 장악해나갔듯, 소련의 전폭적인 지원을 받은 김일성은 빠르게 3.8선 이북에 존재하던 공산주의 세력을 규합했다. 곧 3.8선 이북에는 북조선임시인민위원회가 수립됐고, 김일성은 위원장에 취임한 후 본격적인 권력 장악을 시도했다. 1948년 9월, 김일성은 조선민주주의인민공화국의 초대 내각 수상에 취임하며 북한의 실권을 장악하는 데 성공했다.

그러나 당시만 해도 북한은 김일성 한 사람에 의해 굴러가는 나라가 아니었다. 북한은 여러 세력이 경쟁하는 형태로 운영됐고, 권력은 각 파벌 간의 연합으로 분산됐다. 이들은 해방 이전까지 독립을 위해 뜻을 같이한 동지였으며, 북한 정권 수립 과정에서는 해방된 조국의 공산주의 혁명을 위해 손을 맞잡은 동무였다. 이러한 정치적 조건 속에서 김일성은 남로당 출신 박헌영과의 지속적인 논의 끝에 전면전을 계획하고 한국 전쟁을 일으킨다.

문제는 전쟁을 시작한 북한이 승리하지 못한 시점에 발생했다. 누군가는 동족 간에 벌어진 비참한 살육전에 대해 책임져야 했고, 그 책임은 응당 전쟁을 주도한 자들이었다. 전쟁을 주도한 김일성은 해방 이후 최대의 정치적 위기에 직면했고, 이때 우리가 잘 알고 있는 이상한 나라 북한이 만들어졌다.

누가 전쟁의 책임을 질 것인가

사실 북한은 한국 전쟁 중에도 김일성의 1인 지배 체제를 구축해 나갔다. 한국 전쟁 기간에 열린 여러 차례의 공산당 전원회의에서 무정, 허가이, 박헌영이 차례로 숙청됐다. 이유는 명쾌했다. 전투의 패배와 전쟁의 책임을 전가하기 위해서였다. 결국 북한의 권력 구조는 다양한 정치 연합 형태에서 김일성 중심의 단일 지배 체제로 재편돼 갔다.

하지만 여전히 북한에는 김일성을 대체할 만한 굵직한 정치인들이 존재했다. 게다가 김일성은 승자 없는 허무한 전쟁을 결정한 최종 결정권자였다. 이 문제를 어떻게든 해결해야 했던 김일성의 정치적 판단은 탁월했다. 바로 '전후 복구'를 북한의 최우선 과제로 내세운 것이다. 전쟁으로 거의 모든 것이 파괴된 북한은 반드시 재건이 필요한 상황이었다.

미군의 폭격으로 인한 북한 측 사망자는 약 28만 명, 행방불명자는 약 79만 명에 달했다. 이에 따라 북한 인구는 약 60만 명의 징병자 수를 제외하고도 120만여 명이 감소했다. 노동력이 심각하게 부족했다.

그뿐 아니라 전쟁으로 인한 북한의 피해액은 4,200억 원에 달했다. 약 6천 개에서 많게는 8,700여 개의 산업 시설과 공장이 파괴됐으며, 약 60만 채의 가옥, 5천여 개의 학교, 1천여 개의 병원 등이 파괴됐다. 평양에서 안주까지 불타지 않은 지역이 없었고, 폭탄 구멍과 탄환 자국이 평양 인근 마을을 뒤덮었다.

게다가 먹고사는 문제도 위기에 봉착했다. 전쟁 중 북한의 농토는 급격히 황폐해졌다. 이에 따라 농작물 생산량도 대폭 줄어들어, 1953년 생산량은 1949년 생산량의 88% 수준으로 감소했다. 북한의 재건 사업은 선택이 아니라 생존을 위한 필수였다.

그런데 이때 김일성은 전후 복구라는 다소 추상적인 어젠다를 넘어, 북한이 나아가야 할 새로운 비전을 전면에 내세우며 모든 정치적 이슈를 일소해 나갔다. 그것은 바로 산업화, 정확히는 '중공업의 우선적 성장과 경공업 · 농업의 동시 발전'이었다. "부서진 집을 새로

지읍시다"라는 구호를 넘어 새로운 경제 건설의 방향, 더 넓게는 국가 건설의 방향성을 제시한 것이다.

당장 먹고살기 막막한 상황에서 정책 결정권자가 거시적인 경제 개발 논의를 던지자, 북한 정치계는 양분된다. 김일성의 계획에 반대하는 진영의 논리는 명확했다. 당연히 먹고사는 문제부터 해결하자는 것이었다. 중공업 우선 정책은 작금의 북한 상황을 무시한 무리한 계획이라는 지적이었다.

그러나 김일성이 던진 거대한 정책 어젠다는 승리 없는 전쟁의 책임론을 완벽히 대체하며, 외려 김일성이 주도하는 경제 개발 계획에 대한 정책 대결로 변화한다. 이 대결의 승패가 북한의 시스템을 결정짓는 중대한 사안이 되어버린 것이다.

그러나 김일성의 계획에는 근본적인 한계가 있었다. 바로 돈이었다. 북한에는 말도 안 되는 피해를 복구하고 공업화를 시작할 자금이 없었다. 김일성은 이 문제를 해결하기 위해 사회주의 형제 국가들에 원조를 요청한다. 김일성의 승부수는 외교력까지 인정받아야 하는 과제로 이어졌다.

재건에는 실패해도,
권력은 포기할 수 없다

먼저 소련이 나섰다. 소련은 북한의 전후 복구를 지원한다는 명목으로 10억 루블의 무상 원조를 결정했다. 거기에 과거 북한에 제공했던 2억 9,800만 루블 차관의 상환 기간을 연장했고, 전쟁 중 북한이 체납한 약 7,300만 루블 중 50%를 면제하고 나머지는 1957년부터 2년 이내에 상환하도록 결정했다. 통화가 달랐던 미국의 달러와 비교하기 어려워 그 지원 규모에 대해서는 논란의 여지가 있지만, 이는 당시 전후 복구 비용의 30%를 넘어서는 엄청난 지원이었다.

이에 질세라 중국도 지원을 약속했다. 하나는 기술 원조, 나머지 하나는 노동력 활용이었다. 특히 북한에 주둔하고 있던 인민 지원군을 전후 복구 과정에서 노동력으로 활용할 수 있도록 했다. 중국의 막대한 원조는 미국 제국주의의 침략을 최전선에서 막아낸 형제국에 대한 응당한 대가로 포장됐지만, 또 다른 사회주의 세력 소련과의 경쟁이 낳은 결과이기도 했다. 김일성은 이를 활용했다.

소련과 중국이 나서자, 동유럽 사회주의 국가들의 원조가 이어졌다. 체코슬로바키아, 폴란드, 동독, 헝가리, 루마니아, 불가리아와 차례로 협상했고, 경제 원조를 얻어냈다. 김일성의 중공업 개발 계획에 사용될 만한 귀중한 지원이었다. 각 국가의 풍성한 원조를 받게 된 북한은 전후 재건과 공업화 계획을 서둘러 이행했다.

그러나 1954년부터 본격적으로 시행된 전후 복구 계획과 공업화 전략은 초기 단계부터 난관에 부딪혔다. 중공업화에 치중된 결과 경공업에 대한 투자가 상대적으로 빈약했고, 소비재 생산이 제대로 이루어지지 못하자 물가가 치솟았다. 북한 정부 내부에서는 중공업 중심의 산업 개발 계획에 대한 비판이 시작됐다. 이와 더불어 빠르게 공업화를 이루기 위해 진행된 농업 협동화(집단 경작 정책)도 성과를 내지 못하자 반발이 일어났다.

가장 큰 문제는 원조국에서조차 김일성의 무리한 공업화 전략에 우려의 목소리를 내기 시작했다는 점이다. 심지어 소련조차 북한 인민들의 경제 상황이 심각하다고 평가하면서, 북한의 산업 발전 계획에 명확성이 없음을 비판했다. 그러나 김일성과 지지 세력은 비판을 수용할 생각이 없었다. 그리고 이를 사회주의 진영의 내정 간섭으로 이해해 버린다.

김일성의 이러한 외교는 사회주의 진영 사이의 외교력을 떨어뜨릴 수도 있는 방식이었다. 특히 소련의 권고에도 불구하고 지속한 중공업 투자는 소련과의 관계를 위협할 수 있었다. 힘겹게 얻은 외교 성과가 원조 중단으로 이어질 수도 있는 상황이었다.

원조국들의 발언에 힘을 얻은 김일성 비판 세력은 재건 방향을 수정하도록 요구한다. 비판 세력의 주장은 일면 타당한 정책적 비판이었으나, 김일성은 이를 종파주의(조직체 내부의 한 분파가 자기들의 주장만을 내세우고 남을 배척하는 태도)로 규정한다. 그리고 전후 복구와 경제 정책 대결은 불필요한 정치 논쟁으로 변질된다.

이상한 나라의 종착역은

김일성과 지지 세력이 비판을 수용하지 않은 이유는 명확했다. 간

신히 전쟁의 책임에서 벗어났는데 재건 사업조차 실패했다고 인정한다면 사실상 정치생명이 끝났음을 스스로 인정하는 꼴이었기 때문이다. 김일성은 끝까지 중화학 공업화를 고집했고, 이 고집은 곧 권력 투쟁의 핵심 의제로 자리 잡았다.

김일성과 지지 세력은 당의 중앙위원회를 독점하고, 김일성에 대한 개인숭배를 강화하며 '수령'이라는 호칭을 사용하기 시작했다. 마치 소련의 스탈린처럼 말이다. 이때 김일성이 소련으로 순방을 떠나자 비판 세력은 급히 전원회의를 개최하고 김일성을 공개적으로 비판하며 주석직에서 사임시키려 했다. 회의장은 난리가 났고, 김일성 지지 세력에 의해 회의는 결론을 내지 못한 채 마무리됐다.

소식을 들은 김일성은 빠르게 귀국해 반김일성파, 이른바 종파주의자들에 대한 대대적인 숙청 작업을 진행했다. 8월 종파 사건(혹은 8월 전원회의 사건)이라 불리는 거대한 숙청이었다.

종파를 구성했다는 것 이외에도 다양한 숙청의 사유가 덧붙여졌다. 교조주의(공산주의 이론이라는 이유로 실천적인 검증 작업 없이 신봉하거나 맹신하는 태도)에 얽매였다는 이유, 한반도 긴장 완화를 주장했다는 이유, 미제국주의 반대 구호를 중지했다는 이유 등이 그것이었다.

8월 종파 사건은 기존 북한의 연합 정치 체제를 김일성 1인 지배 체제로 이행시키는 계기가 됐다. 사건 이후 1950년대 후반 북한에서는 대규모 숙청 작업이 연이어 터진다.

흥미롭게도 북한이 사회주의 진영과 관계가 소원해지기 시작한 시점도, 김일성 중심의 당내 세력이 권력을 장악하면서부터였다.

1956년 6월부터 7월까지 경제 개발 계획의 재원 문제를 해결하기 위해 진행한 사회주의 진영 순방은 사실상 실패했고, 이후 북한의 대외 관계는 얼어붙는다. 각 국가로부터의 원조도 비슷한 시기에 마무리 된다.

이제 북한은 홀로서야 했다. 권력은 장악했지만 대외적인 악조건 속에서 김일성과 지지 세력이 선택할 수 있는 길은 대단히 한정적이었다. 김일성의 북한은 자립을 강조하면서 '주체'적인 국가로 변화하기 시작했다. 그리고 북한이 선택한 탈선은 여전히 종착역을 찾지 못한 채 어디론가로 돌진 중이다.

쿠데타는 어떻게 혁명이 되었나?

한국 사회는 혼란했다. 누군가는 정상적인 민주주의 시스템이라는 거대한 정치 제도를 꿈꿨고, 누군가는 북한과의 평화를 꿈꿨다. 누군가는 일상의 자유를 꿈꿨고, 경제적 풍요를 꿈꾸던 이도 있었다. 그러나 이승만 정권은 무능하고 부패했다. 그렇기에 4월의 혁명적 움직임은 '나의 바람'을 실현해 주기 바라는 한국인들의 적극적인 의사 표현이자 분출이었다. 억눌렸던 욕망이 드디어 폭발한 것이다.

이승만 정권 시기(1948~1960년) 동안 한국 사회는 욕망을 억압당했다. 그사이 누군가는 정상적인 민주주의 시스템이라는 거대한 정치 제도를 욕망했고, 사소하게는 일상에서의 자유를 꿈꾸는 이들도 있었다. 누군가는 북한과의 평화를 꿈꾸기도 하고, 경제적인 풍요를 꿈꾸는 이들도 있었다.

그러나 이승만 정권은 무엇 하나 제대로 채워주지 못하는 무능하고 부패한 정권이면서, 자신들의 유일한 욕망인 집권욕으로 가득 찬 정권이었다. 그렇기에 4.19 혁명은 각자의 욕망을 실현하고자 하는 적극적인 의사 표현이자 분출이었다.

1960년 4월, 시민들은 이승만 정권의 독재에 항거해 들고 일어난다. 이승만 정권이 저지른 부정 선거에 항거하며 일어난 이 시위는 전국으로 확산됐고, 결국 이승만이 하야하며 대한민국 제1공화국이 막을 내린다. 시민들의 손으로 독재를 끌어내린 민주주의 혁명이었다.

어쩌면 4.19 혁명부터 5월의 쿠데타가 벌어지기 직전까지의 시기는 대한민국 헌정사에 다시는 없을 자유로운 시기였다. 혁명의 주체 세력이던 학생과 지식인 엘리트뿐만 아니라 노동자들까지 자유를 마음껏 누리며 각자의 욕망을 실현하려 했다. 거리에서는 어용 교수 퇴출을 넘어 학원의 자유화를 외쳤고, 평화를 넘어 통일을 그리고 노동자 계급의 단결을 이야기했다. 이제 넘쳐흐른 욕망을 정리하고 실

4. 19 혁명에 참여한 시위대의 모습

현할 정치 집단이 필요했다.

이 모든 것은 이승만 정권이 무너진 후 4.19 혁명으로 들어선 제2공화국의 정치 능력에 달려 있었다. 그러나 결과적으로 제2공화국은 거의 대부분의 욕망을 실현하지 못한 채 실패했다. 그럴 만한 능력도, 의지도 없었다. 그러다 보니 새로운 정부가 들어섰음에도 여전히 거리에는 데모가 넘쳐났고, 누군가가 보기에 거리의 어순선함은 혼란으로 읽혔다.

중요한 것은 경제 상황이었다. 이승만 정권의 무능함에 따른 경제 불황은 제2공화국에 있어 버거운 숙제였다. 당시 우리나라는 산업 기반이 부실했고, 산업을 부흥시킬 자본도 제대로 마련되지 못했다. 하지만 경제 문제를 해결하지 못한다면, 하다못해 희망이라도 주지

4.19 혁명으로 제1공화국이 붕괴된 후 들어선 제2공화국의 윤보선 대통령(가운데)과 장면 국무총리(우)

못한다면 제2공화국의 생명은 위태로울 수밖에 없었다.

이때 제2공화국에서 들고나온 개념이 바로 '경제 제일주의'다. 경제가 우선이며, 경제 문제 해결을 통해 한국 사회를 발전시켜 나가겠다는 의지의 표현이었다. 하지만 이 캐치프레이즈는 오히려 제2공화국의 발목을 잡는다.

뚜렷한 해법은 없지만 경제에 대한 관심만 높아진 상황에서 국민의 빈곤함은 재생산되었고, 당연히 불만은 쌓여만 갔다. 서서히 쿠데타가 혁명으로 포장되기에 좋은 조건이 만들어져 갔다. 누군가 이 혼란을 잠재워야 한다는 정당성이 마련됐기 때문이다.

군대에서도 혁명이 일어나고 있었다

5.16 군사 쿠데타는 군인들이 벌인 사건이었던 만큼, 그들에 대한 이해가 필요하다. 한국군은 한국 전쟁이 발발하면서 양적으로 엄청나게 팽창하여, 전쟁 직전에는 10만여 명에 불과했던 한국군이 정전停戰 이후 70만 명을 넘어선다. 그러나 전쟁을 위해 뽑은 군인들은 전쟁이 멈추자 갈 길을 잃었다. 그리고 이들은 각자의 이권에 따라 다양한 파벌을 형성했다.

그중 눈에 띄는 이들이 있었으니 바로 육군 사관 학교 출신의 장교 집단이었다. 이들은 전쟁에서 직접 실무적인 역할을 맡았음에도 불구하고 영관급(소령, 중령, 대령에 해당하는 계급) 이상으로 나아가지 못하는, 즉 진급 적체에 대한 불만이 있었다. 그들은 마치 4.19 혁명처럼 군에서도 부정부패 척결이라는 당위를 세우고, 이른바 만연한 비리를 들쑤시며 정군 운동으로 흐트러진 군대의 기강을 바로잡으려 했다.

그러나 치기 어린 젊은 장교들의 정군 운동에는 한계가 있을 수밖에 없었는데, 바로 그들의 계급이 낮았기 때문이다. 계급이 모든 것을 결정하는 상명하복의 군 조직에서 하위 계급이 목소리를 내는 것은 하극상에 불과했다. 그래서였을까? 젊은 장교들은 정군 운동을 이끌어줄 우두머리를 찾아 나선다.

언제나 그렇듯 우연과 필연 사이의 교묘한 줄타기를 통해 역사는 이루어진다. 정군 운동이 4.19 혁명의 대의에 편승하려는 과정에서 젊은 장교들은 한 장성급 선배를 만나는데, 그가 바로 박정희였다. 당시 군수기지 사령관이자 육군소장이던 박정희가 그의 조카사위이자 정군 운동의 핵심 인물인 김종필의 부름에 함께하기로 마음먹은 것이다.

정군 운동의 목표는 장성급 장교들의 퇴진이었다. 그중 당시 육군참모총장이던 송요찬의 퇴진을 박정희가 직접 거론하며 정군의 분위기를 만들자, 김종필을 필두로 한 육군 사관 학교 8기생들은 "부정선거와 부정부패에 책임지라"라며 중장급 이상 장성들의 퇴진을 요구한다.

결과적으로 송요찬은 육군참모총장 자리에서 물러났지만, 김종필을 비롯한 젊은 장교 집단은 하극상이라는 죄목으로 체포된다. 그러나 이 사건은 혁명 과정으로 포장되며, 군의 정화 분위기에는 불이 붙기 시작한다.

하지만 제2공화국은 군 내 정군 운동 세력에 큰 힘을 실어주지 않았다. 16명의 젊은 장교 집단이 최영희 연합참모총장을 찾아가 자진 사퇴를 요구하는 이른바 '하극상 사건'이 발생했을 때, 장교 집단 중 일부가 '국가 반란 음모죄'로 처벌받는다.

이때 운명적으로 군의 정규 진급 발표가 나는데, 정군 운동을 주도한 영관급 장교들이 진급자 명단에서도 제외된다. 게다가 병력 감축이라는 흉흉한 소문까지 나돌았다. 진급 실패에 군 병력 축소라니, 젊은 장교들 사이에서는 '이번 정권도 우리 편이 아니다'라는 공감대가 강력하게 형성됐다.

혁명을 빙자한 반란군들

다시 일반 국민에게로 시선을 돌려보자. 4.19 혁명은 일어났고, 이승만 정권 시기 억눌렸던 욕망은 거리를 메웠다. 그러나 제2공화국은 이 욕망을 수렴하지 못한 채 혼란이 거듭됐다. 군에서도 부정부패와 싸우는 이들이 있다는데, 현 정부가 이들을 탄압까지 한다는 이야기도 나돌았다. 게다가 무능한 제2공화국의 실정으로 국가 안보마저 위협받고 있다는 말까지 들렸다. 이런 분위기는 일부 젊은 장교 집단 즉, 정군 운동 주도 세력이 쿠데타를 혁명으로 포장하기에 알맞은 조건이었다.

1960년 11월, 박정희의 집에서 김종필과 젊은 장교 집단은 본격적인 쿠데타 계획을 수립하고, 그로부터 3개월 뒤 쿠데타의 구체적인 방안을 논의한다. 1960년의 4월 혁명과 정군 운동 그리고 1961년 5월의 쿠데타 사이에는 1년이라는 시간이 있었다. 이는 쿠데타가 결코 돌발적인 행동이 아니었음을 의미한다. 1년이라는 시간은 쿠데타를 혁명으로 포장하기에 충분한 시간이었으며, 사회적 조건과 제2공화국의 실정마저 이들의 포장에 정당성을 부여하고 있었다.

쿠데타가 벌어진 '5월 16일'이라는 날짜도 군인들이 자신들의 행위에 어떤 정당성을 부여했는지 말해준다. 쿠데타는 원래 4.19 혁명 1주년 기념식(1961년 4월 19일)에 일으킬 예정이었다. 하지만 1주년 행사가 소규모로 열리자 다시 적당한 날을 잡았고, 결국 한 달을 미루게 된 것이다. 그만큼 이들은 자신들의 쿠데타를 끊임없이 4월 혁명과 연결하려 했다.

운명의 1961년 5월 16일 새벽, 제2군 부사령관인 소장 박정희와 일군의 영관급 젊은 장교 250여 명 그리고 사병 3,500여 명이 한강을 건너 방송국과 관공서를 비롯한 서울의 주요 기관을 일거에 점령한다. 그리고 새벽 5시, 육군 본부와 중앙 방송국(KBS 라디오)의 뉴스를 통해 군사 '혁명'이 성공했음을 알린다. 그리고 쿠데타 세력이 직접 작성한 혁명 공약 전단 10만 장이 서울 시내에 살포된다.

혁명 공약의 핵심은 '부패와 구악 일소', '민생고 해결' 그리고 '반공'이었다. 4.19 혁명의 목표와 제2공화국이 제시한 경제 개발은 물론 군 본연의 임무인 안보까지 챙기겠다는 꽉 찬 공약이었다.

쿠데타가 일어나자 총리였던 장면은 잠적했고, 대통령 윤보선은 협박에 못 이겨 쿠데타를 사실상 승인했다. 미국은 쿠데타 초기에 불개입 원칙을 내세우며 묵인한 이후 결과적으로 쿠데타를 수용했다.

분명 5.16 군사 쿠데타는 4.19 혁명을 뒤집는 역행이었다. 하지만 당대 대다수 국민은 이를 역행이라 여기지 않았다. 게다가 4.19 혁명을 주도했던 다양한 세력들조차 이날의 쿠데타를 환영했다.

이렇듯 쿠데타를 반기는 분위기가 형성되자 군인들은 제2공화국이 보여주지 못했던 과감한 모습을 보인다. 그중 압권은 깡패들 목에 "깡패 생활 청산하고 바른 생활하겠습니다"라고 적힌 플래카드를 걸게 한 것이었다. 거기에 부패한 경제인들을 구속하고, 그들이 독점했

구악 일소의 일환으로 목에 플래카드를 건 폭력 조직원

던 특혜를 박탈한다. 쿠데타는 그렇게 혁명이 되는 듯했다.

군인에 의한, 군인을 위한, 군인의 나라

그러나 쿠데타는 혁명이 될 수 없었다. 군은 권력을 잡은 동시에 국민에 의해 뽑힌 민의원과 참의원 그리고 지방의원의 권한을 박탈한다. 더불어 정당과 사회단체가 해산되고, 정치 활동이 금지된다. 정치가 사라진 것이다.

제2공화국은 공식적으로 소멸됐고, 이를 대체해 국가재건최고회의가 설치돼 군부에 의한 통치가 시작됐다. 국가재건최고회의는 입법 · 사법 · 행정 3권을 장악한 무소불위의 최고 통치 기구였다. 군인에 의한, 군인을 위한, 군인의 나라가 완성된 것이다.

대한민국을 접수한 일군의 군 무리는 곧 반대파를 숙청하고, 차례로 반대 세력을 제거해 나가며 권력을 공고화했다. 이를 위해 초헌법적 권한을 가진 정보기관인 중앙정보부를 만들고, 군에서 퇴임한 박정희를 대표로 민주공화당을 창당해 대통령 선거를 치른다.

'민주적'인 척 그럴듯하게 꾸며야 했던 군인들이 선택한 방식이 바로 정당 정치로의 편입이었고, 이를 위해서는 박정희가 대통령에 당선돼야만 했던 것이다. 정적을 숙청하고, 중앙정보부를 통해 국가 정보를 장악한 박정희는 결국 1963년 대통령 선거에서 제5대 대통령으로 당선된다.

이제 혁명을 빙자해 대통령이 된 박정희는 무언가를 보여줘야만 했다. 깡패를 거리에 세우는 것은 어쩌면 총을 든 군인들에게 그리 어려운 일은 아니었을 것이다. 정경유착을 뿌리 뽑겠다며 경제인들을 잡아 가둔 것까지도 저지르면 그만인 일이었다. 문제는 '그래서 어떤 나라를 만들 것인가'에 있었다.

결국 박정희가 선택한 길은 다름 아닌 '우리도 잘살아보자'는 경제 성장에 대한 막연한 욕망을 자극하는 것이었다. 사실 '잘산다'라는 의미는 다양하게 해석될 수 있다. 그런데 박정희와 군인들은 이때 명확한 메시지를 던졌다. 나라가 잘살면 국민도 잘살 것이라는 슬로건이 그것이었다.

이렇게 대한민국은 국가의 경제성장을 위해서라면 한 몸이 돼야 한다는 신화 속으로 빨려 들어가기 시작했다. 심지어 36년 일제 치하의 굴욕을 헐값에 팔고, 이념 때문에 다시 피를 흘리면서까지 말이다.

헐값에 팔아버린
36년 굴욕의 세월

박정희 정권은 36년 식민 지배를 푼돈으로 배상받기로 하고 한일 회담을 마무리했다. 피해의 주체였던 국민들은 정말 제대로 보상을 받았을까? 강제 동원됐던 할아버지, 할머니들은 어떨까? 위안부로 끌려갔던 여성들은 또 어떨까? 여전히 우리는 한일 회담의 굴레에서 벗어나지 못하고 있다. 이 회담의 결과로 누군가는 다시 상처를 입었고, 여전히 아무런 사과와 보상을 받지 못했기 때문이다.

1945년 8월 15일, 일본 제국주의는 한국 땅을 떠나갔다. 한국인에게 일본은 그야말로 원수였고, 일본인들에게 한국은 그저 옛 식민지 혹은 가난한 이웃 나라였다. 두 나라 사이에는 새로운 협상이 필요했다.

무엇보다 한국 땅에 남겨진 일본의 재산이 문제였다. 한국은 이를 적산敵産, 즉 적의 재산이라 명명했다. 이때 일본과의 전쟁에서 이긴 미국이 등장하는데, 일본 행정이 미군에 넘어갔으니 일본의 재산은 곧 미국의 재산이었다. 이후 1945년 12월 6일, 한국에 있는 일본 재산은 국유와 사유를 막론하고 미군정청에 귀속됐고, 대한민국 정부 수립 직후인 1948년 9월, '대한민국 정부 및 미국 정부 간의 재정 및 재산에 관한 최초 협정'에 의해 한국 정부가 미국으로부터 일본 재산에 대한 권리를 이양받는다.

이제 남은 것은 배상이었다. 1951년 9월 8일, 일본이 연합국과 전후 배상 문제에 관한 '샌프란시스코 조약'을 체결하고 한국도 이를 위한 본격적인 작업에 들어갔다. 한국인들은 36년간의 치욕스러운 식민 지배를 잊지 않았고, 이에 대한 배상에 민감했다. 그래서 한국 정부는 더 큰 배상을 받기 위해 한 치도 물러설 생각이 없었고, 일본은 이를 인정하려 하지 않았다.

키는 미국이 쥐고 있었는데, 처음부터 미국은 한국과 일본이 화해하기를 바랐다. 이유는 간단했다. 냉전이라는 새로운 국제 관계 때문이었

샌프란시스코 강화 조약에 서명하는 요시다 시게루 총리

다. 미국은 아시아에서 소련과 중국의 확장을 막아줄 든든한 동맹국을 원했다. 그런데 한국은 너무나도 약했고, 일본만으로는 부족했다.

미국과 소련·중국의 사이는 멀어 보였지만, 한국과 일본이 흔들린다면 태평양을 곧장 맞대야 했다. 미국은 그런 사태를 방어해야 했다. 그래서 미국은 생각보다 빠른 시기에 패전국 일본의 독립을 인정했다. 샌프란시스코 조약은 사실상 소련과 중국에 대항하는 미국과 일본의 안보 조약을 빠르게 체결하기 위한 측면이 강했다.

곧 일본과 한국이 협상 테이블에 앉게 되는데, 이는 당사자인 두 나라의 선택이었다기보다 철저히 큰형님이었던 미국의 요구에 따라 시작된 것이었다. 일본은 이를 반겼다. 두 나라의 경제 격차는 컸고, 관계가 개선되어 시장이 열리면 일본이 손해 볼 일은 없었다. 한국은 익숙한 곳이었다. 이미 60년 전에 한 번 경험한 곳이니 말이다.

하지만 강경했던 이승만 정부는 일본에 22억 달러의 손해 배상을 청구한다. 당연히 일본은 이를 거절한다. 그렇게 1950년대 한일 양국의 회담은 앞으로 나아가지 못하고 있었다. 1951년 10월부터 14년 동안 무려 1,200여 회에 달하는 본회담과 부속 회담이 열렸지만, 그렇다 할 결과가 이어지지 못했다. 바로 이때 한국에서 큰 변란이 일어난다. 바로 5.16 군사 쿠데타였다.

일본과 화해해야 했던 군인들의 속내

쿠데타 이후 박정희와 일군의 군인은 민주공화당을 창당하고, 박정희를 대통령 후보로 내세워 권력을 장악했다. 명목상 선거를 통해 권력을 장악했지만, 이 과정에서의 반민주성은 줄곧 문제가 될 수밖에 없었다. 국가혁명위원회라는 불법 단체를 구성해 권력을 좌지우지하는 와중에 정당은 해산됐고, 정치인들이 정상적인 정치 활동을 할 수 없게 되었으며, 중앙정보부라는 무소불위의 권력 기관을 창설했기 때문이다.

군인들의 정치적 정당성은 떨어질 수밖에 없었다. 군인들의 비정상적인 정치 활동은 그 자체로 정당하지 않았기 때문이다. 그들조차 자신들의 정치적 정당성에 대해 불안해했다. 불안을 이겨낼 방법은 한국인들이 그토록 바라 마지않던 '가난으로부터의 해방'이었다.

이를 위해 박정희 정권은 '한일 관계 정상화'라는 화두를 선택했다. 박정희 정권의 '제1차 경제 개발 5개년 계획'은 해외 자본에 의존한 계획이었고, 그 중심에는 당연히 미국의 원조가 있었다. 그러나 미국의 입장이 문제였다. 1960년대 들어서면서부터 미국의 원조는 무상에서 유상 차관으로 변화하고 있었다. 쉽게 말해 공짜가 아니라, 빌려주겠다는 말이다.

미국의 원조 방향성이 변화한 데에는 다양한 이유가 있었지만, 한일 관계 개선을 통해 일본에게 배상금을 받거나 차관을 들여 경제 문제를 해결하라는 일종의 압박이기도 했다. 곧 박정희 정권에게 한일 관계 개선을 위한 한일 회담은 조속히 치러야 할 선결 과제가 된다. 배상금과 차관은 경제 개발의 투자금이었고, 미국에의 차관 의존도도 낮출 수 있었으며, 한·미·일 동맹을 굳건히 함으로써 주한 미군이라는 든든한 군사적 지원까지 받을 수 있었기 때문이다.

한편 일본은 이러한 상황이 내심 기뻤다. 단연 경제적인 이유에서였다. 한국 전쟁 이후 일본은 전쟁 특수로 가파른 경제성장을 이룬 상태였다. 한국의 핏빛 고통으로 자국이 겪어야 할 패전의 아픔을 이겨낸 것이다. 여기서 한발 더 나아가 다시 한번 경제적으로 낙후되어 있는 한국을 새로운 수출 시장으로 바라보기 시작했다.

한국과 일본이 입장을 조율해 나가자 미국은 쌍수를 들어 환영했다. 미국은 한국 전쟁 이후로 일본 중심의 아시아 지역 협력 체제를 만들고 싶었다. 한·미·일, 넓게는 대만까지 연결되는 탄탄한 외교적 동맹 관계를 바탕으로 한 경제적, 군사적 공동체를 이루고 싶었던 것이다. 이러한 동아시아에서의 동맹은 동남아시아 지역으로 영향력을 확장하기 위한 교두보이자, 아시아를 아우르는 거대한 대對공산 진영의 포위망이라 여겼다.

그런데 미국의 계획은 1960년대 들어서면서 위기를 맞는다. 아직 (본격적으로 베트남과 전쟁이 시작된 것은 아니었지만) 베트남에서의 상황이 복잡하게 흘러가고 있었기 때문이다. 다시 한번 동남아시아에서의 이념 전쟁을 코앞에 둔 미국은, 동아시아에서만큼이라도 단단한 지역 협력 체제가 만들어지기를 원했다. 물론 한국에 부담하고 있는 막대한 원조금의 일부를 일본에 전가하려는 의도도 있었다. 미국은 한국과 일본을 향해 '동남아시아도 정신없으니, 동아시아는 알아서 빨리 화해하라'는 시그널을 보내기 시작했다.

철저하게 무시된 피해의 역사

미국의 입장도, 일본의 욕심도, 박정희 정권의 간절함도 저마다 이유는 분명했다. 그러나 한·미·일 삼자 간의 협력, 구체적으로 한일 관계 개선을 위해서는 설득해야 할 대상이 있었다. 바로 한국 국민이었다. 당연했다. 벌써 화해를 말하기에 한국인이 당해야 했던 피해의 역사는 너무나도 뿌리 깊었다. 먼저 일본의 진심 어린 사죄와 응당한 배상이 이루어져야 했다.

치욕스러운 식민지 생활을 청산한 지 이제 겨우 십수 년이 지났다. 여전히 한국인들의 반일 감정은 두말할 것 없었다. 화해는커녕 일본과 회담을 했다는 사실 하나만으로도 국민감정은 악화되고 있었다. 회담에서 피해자인 한국이 왜 저자세인지 국민들은 이해하지 못했다. 뺨을 맞은 것은 우리인데, 그깟 돈 때문에 굽실거리는 모양새가 한국인들 가슴에 다시 대못을 박은 것이다.

그러나 박정희 정권에게 반일 감정 따위란 경제성장이라는 목표 아래 묵살하면 그만인 순진한 생각에 불과했다. 이미 대선 과정에서부터 한일 회담을 준비해 온 박정희 정권은 명목상으로나마 군정軍政에서 선거를 통해 민정民政으로 이양됐고 1964년 초, 회담 타결을 서두르기 시작했다. 그것도 철저하게 국민에게 숨긴 채로 말이다.

비밀스러운 과정 가운데 박정희 정권은 1964년 2월 22일 한일 양국이 협상한 내용을 토대로 교섭안을 발표했고, 3월 5일에는 한일 회담 결과에 대한 국회 비준(조약을 헌법상의 조약 체결권자가 최종적으로 확인·동의하는 절차)을 5월 안에 마무리한다는 방침을 발표했다.

굴욕의 세월을 잊지 않았던 한국인들

그야말로 나라가 뒤집혔다. 나흘 뒤인 1964년 3월 9일, 야당 정치인을 중심으로 '대일 굴욕 외교 반대 범국민투쟁위원회'가 결성됐

한일 회담 반대 시위

고, 한일 회담 반대 투쟁의 서막이 올랐다.

비단 야당 정치인뿐만이 아니었다. 한때 군사 쿠데타를 지지했던 학생도, 엘리트 지식인들도 한일 회담을 적극적으로 반대하기 시작했다. 특히 학생들의 시위는 불같이 타올랐다.

서울권 대학생들은 군사 쿠데타 이후 최초의 대규모 반정부 가두 시위를 벌였고, 5월 20일에는 '민족적 민주주의 장례식 및 성토대회'가 열렸다. 당시 일본 총리이던 이케다와 이완용의 화형식을 거행하기도 했다.

학생들은 3년 전 쿠데타를 혁명으로 오해했던 그날의 기억을 부끄러워했다. 박정희 정권은 4월 혁명이 지닌 수많은 가치, 그중에서도 '외세 의존이 아닌 민족적 자립'을 배반했다. 한일 회담 졸속 추진 과정을 통해 5.16 군사 쿠데타가 결코 4월 혁명의 연장선이 아님을 깨달은 것이다.

하지만 박정희 정권은 한일 회담 반대 투쟁을 그대로 지켜보지 않았다. 외려 일본과의 관계 개선을 위해 자국민의 회담 반대 분위기를 강압적으로 찍어내렸다.

그러자 한일 회담 반대 시위는 박정희 정권에 대한 반정부 시위로 치달았다. 한일 회담의 목표였던 경제 개발 계획까지 비판의 대상이 되었다. '잘살기 위해 일본에 치욕적으로 기대야 한다면, 계획을 수정하라'는 의미였다. 한일 회담 반대 시위는 결국 대통령 하야 시위로 이행됐다.

박정희 정권은 국민들의 반대 여론에 대해 '국가 기본을 흔들고 망국의 씨를 뿌리는 철없고 한탄스러운 일'로 치부하며 계엄령을 선포한다. 사태가 이렇게까지 번지자 한일 회담도 잠시 중단된다.

그러나 박정희 정권의 대대적인 시위 탄압은 계속되었고, 384명의 민주 인사와 학생들이 구속됐다. 무력 진압이 이어지자 시위는 잠시 소강상태에 접어들었고, 무력으로 저항을 잠재운 박정희 정권과 일본 정부는 1965년 6월 22일 한일 회담의 결과물인 한일 기본 조약을 정식으로 조인(국가 간 서로 합의문에 서명하는 것)했다. 그런데 포기하지 않았던 국민들은 끝까지 국회에서의 한일 회담 비준 저지를 목표로 했다.

하지만 박정희 정권과 여당인 공화당은 국회 특별위원회에서 한일 협정 비준 동의안을 불시에 통과시킨다. 이제 한일 양국의 복잡하고도 질긴 악연의 역사는 그저 지나버린 과거가 되었고, 양국 정부는 밝은 미래를 약속하며 서로 간의 이해를 채워나가려 했다.

자존심을 팔아 얻어낸 얄팍한 성과들

이 합의는 간단히 말해, 36년의 식민 지배를 헐값에 배상받는다는 내용이었다. 이외에 청구권, 어업 협정 같은 복잡한 부속 합의들이 이루어졌지만, 핵심은 '배상금을 얼마나 받을 것인가'와 '어떻게 받을 것인가'였다. 가령 개인에게 보상할지, 국가를 상대로 배상할지

따위의 것들이다.

문제는 애초에 박정희 정권이 개인에게 보상할 생각이 없었다는 것이다. 개개인에 대한 보상은 복잡하고 불필요한 과정이었고, 개인에게 보상되는 순간 경제 개발 계획을 위한 큰 그림은 무너지게 되었다. 쉽게 말해, 나라의 경제성장을 위해 피해 당사자의 희생을 강요한 것이다. 협상을 주도했던 김종필은 일본의 외상과 진행한 비밀 협상 과정에서, 복잡한 개인 사정은 묻어둔 채 양국의 국교 정상화에 관한 일괄 타협을 조속히 서두른다.

결과적으로 청구권 문제(식민 지배로 인한 피해에 대해 일본 정부와 기업에 청구할 수 있는 대한민국 정부와 한국인들의 금전적 권리에 대한 문제)는 '일본이 차후 10년에 걸쳐 연 3천만 달러씩 무상으로 지급하고 2억 달러를 저리 차관으로 제공하는 것'으로 일괄 합의된다.

하지만 이는 여전히 문제가 되는 부분이다. 당시의 청구권 협정을 한국인 피해자 모두에 대한 금전적 보상이라고 보기 어렵기 때문이다. 국가 대 국가 간의 문제와 국가와 개인 간의 피해 보상 문제는 별개로 해석될 여지가 충분하다.

게다가 3천만 달러씩 10년에 걸쳐 받게 될 3억 달러도 터무니없이 적은 금액이었다. 3억 달러는 당시 일본 1년 예산의 0.3% 정도에 불과했으며, 그 외에 합의된 2억 달러의 차관은 부채였기 때문에 보상금의 성격도 아니었다.

당시에도 가장 핵심적으로 문제 제기됐던 부분은 무상 3억 달러의 배상금이었다. 심지어 3억 달러도 현금이 아닌 "그와 동등한 가치를 지니는 일본의 생산물 및 일본인의 용역"을 10년 기간에 걸쳐 제공하는 것이었다.

더욱 문제가 되었던 것은 최종적으로 이 자금을 운용하기 위해서는 사실상 반드시 일본 기업을 고용해야 한다는 내용이었다. 결국 일본으로부터 받은 자금이 자연스럽게 다시 일본으로 흘러가게 되는 구조였고, 일본은 한국이라는 새로운 시장을 확보하게 되는 일석이조의 협상이었다.

사람에 따라 경제적인 배상의 만족도는 다를 수 있다. 나라가 대표해서 받았고, 그 돈이 경제성장의 기반이 된 것도 사실이다. 그런데 정말 한국이 제대로 된 배상을 받았다고 생각되는가?

박정희 정권이 식민 지배에 대한 배상금을 받았다고 홍보했을 때, 같은 시각 일본에서는 한국에 독립 축하금을 주었다고 보도한다. 일본은 애초에 식민 지배에 대해 반성하지 않았고, 반성에 기초해 배상의 명목으로 돈을 준 것도 아니었다. 그저 국교 정상화를 통해 한국이라는 새로운 시장을 성공적으로 확보했을 따름이었다.

한편 박정희 정권은 청구권 협정으로 받은 자금을 사용하기 위해 1966년부터 관련 법률들을 제정하고, 1977년 6월 30일까지 피해가 증명된 83,519건에 대해 총 91억 8,769만 3,000원의 보상금을 지급했다. 1965년부터 무상 제공된 3억 달러의 약 9.7%에 해당하는 금액이었다.

직접적인 피해의 주체였던 한국의 국민 한 사람, 한 사람은 정말 제대로 된 보상을 받았다고 말할 수 있을까? 강제 동원되었던 우리

네 조부모는 어떨까? 위안부로 끌려갔던 여성들은 어떨까?

어쩌면 우리는 여전히 한일 회담의 굴레에서 벗어나지 못하고 있는 것일지도 모른다. 누군가에게는 만족스러웠을지 모를 이 회담의 결과로 누군가는 또 다른 상처를 입었고, 진짜 피해자들은 아직도 아무런 사과와 보상도 받지 못했기 때문이다.

중산층의 탄생과 도시 빈민의 비극

해방 이후 서울에서 밀려난 사람들과 채우는 사람들 사이의 희비로부터 도시의 잔혹한 역사는 시작됐다. 그러나 이러한 희비를 단순히 '피해'와 '가해'의 역사로 낙인찍을 수는 없다. 어느 순간부터 정부는 끊임없이 주택 소유를 강요했고, 기회가 주어진 사람들은 그 기회를 놓치지 않았을 뿐이기 때문이다. 쉽게 말해 이 구조는 국가가 추동한 측면이 강하다.

해방 이후, 어쩌면 그보다 더 오래전부터 서울은 언제나 밀려드는 사람들로 북새통을 이루었다. 심지어 주택 보급률은 해방 이후 1980년대까지도 50% 언저리에 머물렀다. 이것은 서울 시민의 절반은 집이 없었다는 이야기이지만, 반대로 생각해 보면 절반은 항상 집을 소유할 수 있었다는 의미다. 누군가는 집이 없어 판자촌으로 밀려나거나 쫓겨났지만, 그곳에는 언제나 다시 대규모 아파트 단지가 들어섰다.

이것이 단순한 자본의 논리였을까? 어느 시점부터 정부는 끊임없이 주택 소유를 강요해 왔고, 사람들은 그 기회를 놓치지 않았다. 쉽게 말해 이 구조는 국가가 추동한 측면이 강했다.

한편 서울의 주택 문제는 꽤 고질적인 문제였다. 식민지 시기 본격적인 도시화가 진행되면서 사람들은 일자리를 찾아 경성(해방 이후 서울)에 몰려들었다. 이러한 현상은 가속화되었고, 가난한 나라 대한민국은 급작스럽게 늘어나는 서울의 인구를 감당할 수 없었다.

1945년에 90만 명이던 서울의 인구는 해방 후 귀환한 인구가 더해져 1950년에 170만까지 늘었다. 집이 모자라지 않으면 이상할 만큼 폭발적인 증가였다.

그러고는 곧 한국 전쟁을 맞이하는데 전쟁 중에도, 전쟁이 끝나고도 서울로의 인구 집중은 그칠 줄 몰랐다. 그런 이유로 당연하게도 서울에서는 국공유지와 사유지를 불문하고 공터에 무허가 주택지가 형성됐고, 1960년대까지 서울은 그야말로 무허가의 도시였다.

그러던 1961년, 5.16 군사 쿠데타가 일어나면서 큰 변화의 움직임이 나타난다. 정권을 잡은 군인들은 자신들이 내건 근대화, 개발, 경제 성장이라는 슬로건에 맞는 서울을 만들고자 했다. 1963년 서울시의 구역은 2배로 확장됐고, 500만 명을 수용할 수 있는 도시로 발전했다. 이때 서울로 편입된 공간이 바로 농지와 임야로 가득했던 한강의 이남, 그러니까 지금의 강남이다.

이 와중에도 서울 인구는 1960년에 244만 명, 1966년에는 380만 명을 돌파했고, 넓어진 땅덩어리에 맞는 도시 계획이 필요했다. 박정희 정권은 '불도저'라는 별명으로 유명했던, 육군 중장 출신의 김현옥을 서울 시장으로 앉힌 후 본격적으로 서울을 개발한다.

서울 시장으로 임명된 김현옥의 이력은 특이했다. 그가 부산 시장으로 있을 때 이룬 대표적인 업적이 바로 철거였다. 불도저라는 별명은 물불 가리지 않고 무허가 주택을 밀어버린다는 의미로, 박정희 정권은 그런 김현옥의 행정 능력을 높이 샀다. 어쨌든 서울에도 새바람이 불기 시작했다.

이 넓은 서울 땅을 '누구'로 채울까?

그 시절 박정희 정권의 눈에 들어온 매력적인 단어가 있었다. 바로 '중산층'이었다. 제1차 경제 개발 계획의 성과로 경제성장률은 10%를 돌파했고, 소득 수준도 급증하면서 화이트칼라 노동자가 증가하기 시작했다. 이들은 상대적으로 고학력이라는 점을 무기로 당시 노동자 평균 임금(34,500원)의 두 배가량(62,000원)을 받고 있었다.

문제는 그들이 서울에 몰려 살았다는 점이다. 서울의 대학 졸업자 비율은 전국 평균(4.8%)보다 약 4배나 높은 18.5%였다. 그러다 보니 당시 서울 인구 중 관리직 혹은 사무직 종사자가 약 40%에 육박했고, 안 그래도 농촌 경제가 붕괴하면서 인구가 서울에 집중되던 와중에 먹고살 만했던 이들까지 서울로 오기 시작했다.

이는 경제 개발 정책의 결과였다. 당시 박정희 정권이 생각한 서울은 관리 기능을 집중적으로 담당하는 도시였다. 기업 본사와 중앙 행정 기관은 모조리 서울에 있었고, 이에 따라 필요한 노동력은 자연스럽게 공무원, 관리직, 사무직, 전문직 등 매달 월급을 받는 봉급생활자, 즉 중산층이었다.

그러나 중산층이라 해도 대부분 제 몸 하나 편히 누울 공간을 얻기는 쉽지 않았다. 박정희 정권에게 이 문제는 꽤 중요했다. 중산층의 높은 학력과 그에 걸맞은 사회적 지위는 여론을 주도하기 좋았다. 만약 이들이 정권의 적으로 돌아선다면 그 파급력은 걷잡을 수 없을 것이 분명했기에 적어도 이들을 단단한 지지층으로 결집시켜야 했다. 그래서 박정희 정권은 서울을 명실상부한 중산층의 도시로 계획했고, 이들을 위한 주택 건설에 박차를 가한다.

1966년에 서울 시장으로 취임한 김현옥은 첫 국회 본회의에서 주택 정책의 큰 그림을 발표한다. "앞으로 서울 시민은 중산층과 서민으로 구분한다"라는 내용이었다. 서울시정에 '중산층'이라는 표현이 처음 등장한 것이다. 김현옥은 이 자리에서 '중산층용 주택 4만 동 우선 개발'과 '서민을 위한 시민아파트 건설'을 약속한다. 마치 중산층뿐 아니라 서민을 위한 주택도 지어줄 것처럼 말이다.

하지만 서민을 위한다는 시민아파트에 살기 위해서는 10만 원 상당의 입주금이 필요했다. 거기에 인테리어 공사비 15만 원은 별도였고, 매달 4천 원의 관리비, 여기에 공동 부담금 5만 원을 내야 했다. 심지어 입주금은 일회성이 아닌 매달 납부하는 형식이었다. 지금은 상상하기 어렵지만, 당시 중산층을 제외한 노동자들에게는 월급이라는 개념이 없었기에 월 납입은 대단히 부담스러운 납입 방식이었다.

시민아파트는 서민들에게 그야말로 그림의 떡이었고, 자연스럽게 입주권에는 프리미엄이 붙어 '딱지'라는 이름으로 고가에 거래됐다. 결국 시민아파트는 중산층의 주거지로 변화한다. 더 절망적이었던 것은 그나마 명목상으로라도 존재하던 서민형 주택 건설 계획은 시민아파트로 건립된 와우아파트가 붕괴되면서 전면 백지화되었다는 점이다. 흥미롭게도 이후 서울시는 시범아파트, 시영아파트 등을 건설하며 노골적으로 중산층만을 위한 주택 개발에 박차를 가한다.

와우아파트 붕괴 현장

말죽거리 신화가 시작되다

서울을 중산층으로 채우기 위한 박정희 정권의 계획은 일사천리로 진행되는 듯했다. 그런데 엉뚱한 곳에서 문제가 터졌다. 땅값이 천정부지로 오른 것이다. 부도심으로 설정한 대부분 지역의 지가가 올라 토목 회사 수준에 지나지 않던 건설업체들은 다량의 주택을 지을 엄두조차 낼 수 없었다. 당연히 도심 지역은 중산층은커녕 어지간히 부자가 아니면 감당할 수 없을 지경이었다.

박정희 정권은 기다렸다는 듯이 주택은행을 설립했다. 돈이 없으면 금융권 대출을 통해 주택을 구매하라는 의도였다. 집 없는 서민들도 은행에서 돈을 빌려 집을 살 수 있는 것 아닌가 싶겠지만, 그러기는 쉽지 않았다. 주택은행을 통한 주택 금융 제도는 중산층을 위한 제도에 불과했다. 꼬박꼬박 매달 은행에 돈을 갚을 수 있는 계층은 명확히 중산층 이상이었다.

이 시점을 기준으로 기업도 본격적으로 도시 개발에 투자했다. 기업 투자의 물결은 불같이 타올랐고, 새 아파트의 분양권을 받기 위해 사람들은 새벽잠을 포기하고 줄을 서기 시작했다. 강남(영동) 개발은 본격화됐고, 말죽거리 신화가 시작됐다. 강북에 유흥 시설, 백화점, 시장 등의 신·증설이 금지되었고, 강남 개발을 위해 강북 억제 정책이 펼쳐진다. 덩달아 땅값은 치솟았고, 중산층은 너도나도 할 것 없이 한강 이남으로 향했다.

게다가 중산층은 강북의 낡아빠진 주택이 아닌, 한강을 바라보고선 아파트를 찾았다. 와우아파트의 붕괴로 기피됐던 아파트에 대한 불신은 아파트 가격이 치솟자 순식간에 해소됐다. 자산 상승에 대한 욕망이 생명의 위협을 넘어선 것이다. 특히 강남 개발의 신호탄이었던 반포주공아파트의 성공적인 분양 결과는 곧 대출을 통해 주택 구입이 확대될 것을 보여주는 사업이었다.

강남 개발은 지금까지도 강고한 한국식 도시 개발 메커니즘을 완성한 사업이었다. 광활한 땅덩어리를 대상으로 한 정권의 과감한 구획 정리, 건설 기업의 일괄적인 막대한 투자, 주변 지역의 개발 억제, 중산층이 감당할 만한 공급 가격이 바로 그것이다.

반포주공아파트 추첨을 위해 청약자들이 줄을 선 모습

밀려난 서울 시민이 받아야 했던 치욕

1960년 후반부터 시작된 한강 변과 강남의 성장은 서민, 더 정확히는 도시 빈민의 희생을 강요했다. 사실상 서울시 개발의 로드맵에서 도시 빈민이 설 곳은 어디에도 없었다.

공격적인 도시 개발이 한창이던 1967년 7월, 김현옥 서울 시장은 23만여 동의 무허가 주택을 철거해 버린다. 철거된 땅은 중산층 아파트로 채워졌고, 이 과정에서 양산된 철거민 127만 명은 서울 밖 수용지역에 덩그러니 버려진다. 가장 대표적인 곳이 경기도 광주군 중부면, 이른바 광주 대단지였다.

서울시는 자신들의 관할권도 아닌 경기도 허허벌판에 50만 명 이상이 정착할 수 있는 대규모 주택 단지를 조성하겠다고 발표하고, 서울보다 상대적으로 저렴한 경기도 외곽의 토지를 확보한다. 그러고는 성남 출장소라는 임시 행정 기구를 설치한 후, 1969년 5월 철거민 몇몇을 트럭에 싣고 온다. 도시 빈민이 밀려나 살아갈 수 있는 곳은 바로 이런 땅뿐이었다.

곧 개발시켜 주겠다는 부질없는 약속을 믿고 밀려난 도시 빈민들은 그저 버려진 땅에서 하염없이 기다렸다. 제대로 된 건축물 하나 없이 천막에서 살아야 했던 그들에게 수도와 전기, 전화, 도로와 같은 사회 기반 시설은 사치였다. 박정희 정권은 광주 대단지로 이주한 이들에게 20~40평의 땅을 나누어준 뒤, 집은 알아서 지으라며 손을 놓았다.

하지만 이마저도 거짓이었다. 정부는 개발 비용을 충당한다는 명분으로 토지 소유권을 거주자가 아닌 건설 회사에 고가로 되팔며 개발 이익을 남겼다. 박정희 정권에게 도시 빈민은 그저 서울에서 버려져야 할 존재에 불과했고, 이들을 위한 주거 정책도 존재하지 않았다. 강남이 중산층을 위해 화려하게 탈바꿈하는 사이, 바로 밑 경기도 광주에서는 이렇게 폭력적으로 서울 거주권이 박탈되고 있던 것이다.

1968년부터 3년간 12만 명의 철거민이 이주한 광주 대단지는 결코 사람이 살 만한 환경이 아니었다. 도시 빈민들은 서울시로부터 받은 분양권을 팔고 다시 서울로 돌아가거나 다른 변두리 지역에 무허가 주택을 짓고 살아갔다.

물론 분양권을 되파는 일은 불법이었다. 분양권을 전매하여 이

광주 대단지 전경

익을 얻어봤자, 이들은 여전히 도시 하층민에 불과했다. 당시 철거민 15만여 명 중 약 50%는 일용직 노동자였으며, 약 25%가 노점상 등 영세 상업에 종사하는 이들이었다. 당시 도시 노동자 평균 소득은 4만 원 수준이었으나, 광주 대단지 95% 이상의 평균 소득은 3만 원 이하였다. 국가가 지정한 공식 구호 대상자만 약 30%를 넘어섰을 정도였다.

그러던 어느 날, 강제 이주 당시 평당 2천 원에 토지를 분양해 준 뒤 3년간 상환하도록 했던 서울시가 입장을 선회한다. 불법 전매가 자행되면서 토지 가격이 오르자 평당 8천 원~1만 6천 원에 이르는 분양 대금을 일시불로 내라고 한 것이다. 게다가 취득세와 재산세, 영업세, 소득세 명목으로 각종 조세를 부과했다.

대단지 주민들은 말도 안 되는 가격으로 오른 대지 가격 인하를 요구하고, 구호 대책을 마련해 달라며 진정서를 제출하기에 이르렀다. 하지만 서울시는 분양 가격 인상을 일방적으로 통보했고, 경기도는 잇따라 세금을 독촉했다.

이를 받아들일 수 없었던 대단지 거주민 5만여 명은 피켓과 괭이를 들고 모여들었다. 이들은 곧 공공청사를 습격해 불을 질렀고, 일부는 버스를 뺏어 타고 서울까지 진출하려 했다. 관리 사무소, 출장소, 차량 20대를 불태우는 등 시위는 과격해졌고, 전투 경찰 700명이 투입되어 경찰과 시위대는 대치를 거듭했다.

그러나 이들의 폭력 시위는 결코 우발적인 행동이 아니었다. 3년 동안 국가로부터 버려져, 그 어떤 사회적 안전망도 갖추지 못했던 소외감, 거기에 납득하기 어려운 분양 가격에 대한 분노가 켜켜이 쌓여 터진 것뿐이었다.

최초의 빈민 투쟁이 낳은 도시

광주 대단지 사건은 도시 빈민의 주거권을 향한 최초의 대규모 투쟁이었다. 언론에서는 이를 "정부 수립 이후 최대 소요 사건"이라 소개했고, 국민적 관심도 높았다. 이 사건이 유신 정권 수립을 1년 앞둔 상황에서 벌어진 일이라는 것을 생각하면, 대단지 주민들의 저항이 얼마나 절박한 행위였는지 짐작할 수 있다.

사태의 심각성을 느낀 박정희 정권은 대단지 주민들의 요구를 즉각 수용하고 공식적으로 사과했다. 그리고 사건 발생 3일 만에 서울시장이 장기적인 도시 계획을 수립해 신도시를 만들겠다고 약속했다. 3년 뒤, 사건이 벌어졌던 지역을 포괄하는 광주 일부 지역은 성남이라는 이름으로 독립해 새로운 도시로 승격됐다.

이 사건은 박정희 정권이 추진한 도시 개발 정책 과정에서 필연적으로 직면해야 했던 일이었다. 서울은 노골적으로 중산층 이상의 계층을 위한 도시로 변화했고, 자격을 갖추지 못했던 도시 빈민은 서울에서 노동했음에도 시민으로서 자격을 얻을 수 없었기 때문이다.

거친 노동 후 단칸방조차 보장받지 못한 이들은 투쟁을 통해 성남시라는 새로운 도시를 얻었다. 없는 이들이 최소한의 주거권을 보장

받기 위해서는 이렇듯 폭력을 동반해야 했다. 그럼에도 불구하고 이 역사는 1980년대에 반복된다. 목동과 상계동이라는 또 다른 중산층용 아파트 단지를 건설하는 과정에서 말이다.

유신은 안에서부터 무너지고 있었다

유신 정권은 어처구니없게도 내부의 권력 다툼으로 마무리된다. 어쩌면 이 황당한 마무리야말로 한국사의 가장 큰 비극일지 모른다. 유신의 1, 2인자 사이의 술자리 다툼으로 파국을 맞았다니 말이다. 하지만 적어도 우리는 유신 정권이 우발적 총탄으로 무너진 것이 아닌, 시민들의 오랜 민주화 요구로 이미 무너져 내리고 있었음을 기억해야 한다.

총과 탱크로 잡은 권력은 매서웠다. 민주주의의 탈을 쓰고 편법과 부정을 통해 재선에 성공한 박정희 정권은 다시 '반공'과 '경제 개발'이라는 지상 과제를 꺼내 들고 3선에 도전한다. 물론 대통령 3선을 허용하는 개헌안도 편법이었다.

박정희 정권이 3선 개선과 유신으로 접어드는 과정에서 활용한 어젠다는 희한하게도 국제적인 평화 기류였다. 1960년대 후반부터 몰아쳤던 냉전의 화해 분위기와 1971년 미국과 중국의 핑퐁 외교, 베트남 전쟁의 마무리 등으로 세계 질서는 일시적인 안정 상태에 접어든다(이를 데탕트라 한다). 이 세계적 평화 기류가 박정희 정권의 발목을 잡은 것이다.

박정희 정권이 설정한 중대 지상 과제는 '북쪽 빨갱이들이 우리를 호시탐탐 노리고 있다'였다. 게다가 실제로 북한도 1968년 1월 21일, 청와대 뒷산까지 간첩들을 보내 "박정희의 목을 따겠다"라며 으름장을 놓았고, 휴전선에서는 남북 간의 국지적인 도발이 이어졌다.

박정희 정권은 데탕트를 국가적 위기로 이해했고, 이럴 때일수록 전 국민이 총화 단결해야 한다고 주장했다. 그러나 1971년 대통령 선거에 출마한 김대중 후보는 박정희와는 달리 지금의 국제적 분위기를 남북 관계에도 활용해야 한다면서 평화를 강조하며 지지율을 끌어올렸다. 하지만 온갖 부정과 편법이 자행되었던 대통령 선거는 결국 박정희의 승리로 돌아갔고, 그는 대통령 3선에 성공한다.

그러나 박정희 정권은 대선 과정에서의 야당의 선전, 북한의 연이은 도발, 미국 · 소련 · 중국 · 일본 사이의 평화적 분위기를 위기로 인식하며, 12월에 국가 비상사태를 선포하고 국가보위법(국내외 위기 상황에서 국가 안전과 관련되는 내정, 외교, 국방 분야에서 특수한 조처를 취할 수 있는 비상 대권을 대통령에게 부여하기 위해 제정한 법률)을 제정한다.

이로써 대통령의 권한은 초헌법적으로 강화됐고, 언론 · 출판 · 시위의 자유와 노동 3권 등 국민 기본권이 제약된다. 이어서 1972년 10월, 박정희 정권은 전국에 비상계엄(전시나 사변 혹은 이에 준하는 국가 비상사태가 발생해 사회 질서가 극도로 교란되어 행정 및 사법 기능의 수행이 곤란할 때 대통령이 선포하는 계엄)을 선포하고 국회를 해산한다. 그렇게 유신 헌법이 발표된다.

경제가 무너지면, 정권은 흔들린다

새로운 헌법은 박정희 종신 집권을 보장하는 내용으로 채워졌다. 그리고 대통령은 긴급 조치라는 초법적 통치 도구를 갖게 됐다. 이후 12월 통일주체국민회의에서 박정희는 99.9%를 득표하며 간선제 대통령으로 선출됐다.

유신 정권이 지속될 수 있었던 배경에는 정권 수호의 선봉에 섰던

政治活動 일체 금지

朝鮮日報

전국 大學에 休校令

어젯밤 緊急 非常閣議서 의

屋內外집회·시위 禁止

怠業·罷業을 하면 嚴斷

日 6월22일 兩院總選

1980년 5월 17일 자 〈조선일보〉에 실린 비상계엄의 전국 확대

중앙정보부와 검찰 그리고 경찰 조직이 있었다. 이들은 각종 조작 사건을 만들고 직접 사건에 가담했다. 유신 정권하에서 대한민국 국민에게 헌법으로 보장된 기본권은 어불성설이었고, 국민은 그저 국가를 위해 몸과 마음을 바쳐야 하는 동원의 대상일 뿐이었다.

하지만 이런 폭력적 통치는 결국 안으로부터 붕괴하는 법이다. 위기의 시작은 1979년 제2차 석유 파동이었다. 경제 발전을 위해 수출이 중요했던 한국 경제는, 석유 가격이 폭등하자 크게 흔들린다. 유신 정권에 편승해 몸집을 불려 나갔던 기업들은 위기를 극복하기 위해 책임을 노동자에게 전가하며 조업 시간을 단축하고 노동자 임금을 삭감하거나 일방적으로 폐업을 자행했다.

같은 이유로 회사를 폐업한 YH무역주식회사에서는 악덕 기업주에 맞서 노동자들이 투쟁을 시작했다. 절박했던 노동자들은 야당이던 신민당 사무실로 들어가 농성을 이어갔고, 경찰은 노동자들의 시위를 진압하기 위해 건물로 진입해 야당 의원들과 여성 노동자들을 끌어냈다. 이 과정에서 노동자 김경숙이 사망했고, 민주화 운동 세력은 유신 정권을 강경하게 비판했다. 정부는 이에 맞서 10월 김영삼 신민당 총재를 국회의원에서 제명해 버린다.

김영삼의 제명은 부산과 마산의 시민들을 자극했다. 결국 10월 16일, 부산과 마산에서는 대학생과 시민들이 거리로 뛰쳐나와 "유신 정권 물러가라", "정치 탄압 중단하라"라는 구호를 외치며 불같이 들고 일어섰다.

하지만 유신 정권은 시민들의 민주화 요구를 계엄군의 폭력으로 누르려 했고, 국민들은 유신 정권을 향해 억압된 분노를 더욱 거세게 표출하기 시작했다. 민주화의 물결은 마산과 부산을 넘어 전국으로 확산될 준비를 마쳤다.

1980년, 서울에 찾아온 찰나의 봄

유신 정권은 어처구니없게도 내부의 권력 다툼으로 종말을 맞는다. 어쩌면 유신 정권의 이 황당한 마무리야말로 한국사의 가장 큰 비극일지 모른다. 시민들의 손이 아닌 유신의 1, 2인자 사이의 술자리 다툼으로 종결됐으니 말이다.

어쨌든 1979년 10월 26일, 중앙정보부장 김재규가 박정희 대통령을 살해하며 유신 정권은 막을 내린다. 하지만 적어도 우리는 이 유신 정권이 우발적 총탄으로 무너진 것이 아닌 시민들의 민주화 요구로 인해 이미 무너져 내리고 있었음을 기억할 필요가 있다.

모든 권력의 최상단에 있던 한 사람이 죽자, 정권의 행정력은 순식간에 무너졌다. 동시에 억눌렸던 시민들의 자유에 대한 갈망은 곧 거리를 가득 메운다. 노동자들 또한 1980년 봄부터 임금 인상과 어용노조 퇴진을 요구하며 각 공장에서 쟁의에 들어갔다. 더불어 유신 정권의 종말을 누구보다 기대했던 그리고 붕괴를 추동하던 대학생들도 3월 개강에 맞춰 "유신 잔당 척결"과 "민주주의 회복"을 요구하며 거리로 나섰다. 그렇게 거리와 공장, 학교에 민주주의의 물결이 요동쳤다.

한껏 들떠 있던 시민들은 곧 다시금 민주적 선거를 통해 대통령을 선출할 수 있을 것이라는 기대에 부풀게 된다. 유신이라는 기나긴 겨울을 버텨야 했던 야당 정치인들, 특히 유력한 대통령 후보였던 김영삼과 김대중도 활발한 정치 활동에 나선다. 이러한 민주화 물결의 중심에는 대한민국의 수도 서울이 있었다. 그래서 흔히 이 겨울의 끝을 '서울의 봄'이라 부른다.

또 다른 군인 무리의 계획

한편 민주주의를 향한 시민들의 염원과는 전혀 다른 방향에서 또 다른 일군의 군인 무리가 권력의 공백을 장악하기 위한 작업에 들어갔다. 이른바 '신군부'라고 불리는 하나회 소속 군인들이었다. 신군부는 보안 사령관 전두환을 중심으로, 박정희 대통령 암살 사건의 조사를 담당하는 합동 수사본부를 장악한다.

이후 육군 참모 총장이자 계엄 사령관 정승화를 강제 연행하는 12.12 쿠데타를 일으키며, 사실상 대한민국을 접수한다. 명목상으로는 당시 국무총리였던 최규하가 국정 운영을 책임져야 했지만, 신군부의 쿠데타 이후 영향력을 상실한 채 방관자로 전락했다. 권력을 장악한 신군부는 쿠데타에 반대하는 군 내 세력을 강제로 전역시키거나 보직을 변경했고, 전두환이 중앙정보부장까지 겸직하도록 한다.

국회는 다시 해산됐고, 야당 정치인들의 활동은 규제됐다.

국민들은 매일 저녁 미디어에서 합동수사본부장 전두환의 수사 브리핑을 접하며 '이제 저 사람의 세상이구나'라는 생각을 자연스럽게 하게 된다. 그러나 사회를 다시 통제하려던 신군부와 민주주의를 염원했던 시민, 특히 대학생들 사이에서 갈등이 고조된다.

유신이라는 늦은 겨울잠에서 깨어난 시민들은 민주주의라는 봄날의 햇살을 만끽하려 했지만, 신군부는 이를 그저 지켜보고만 있지 않았다. 신군부는 계엄령을 무기로 민주주의를 향한 시민들의 요구를 다시 폭력으로 진압했다. 그러나 시민들의 시위는 불같이 타올랐고, 5월이 되자 절정에 달했다.

서울에서는 10만여 명의 학생들이 서울역에 모여들었고, 부산과 대구, 광주에서도 대학생을 중심으로 시위가 전개됐다. 계엄령 철폐와 함께 "전두환은 물러가라"라는 구호가 거리를 가득 메웠고, 신군부는 이에 맞섰다.

대규모 유혈 사태를 눈앞에 둔 5월 15일, 서울에 모인 각 대학의 총학생회장들은 신군부의 총 앞에 사실상 항복한다. 군 투입 소식이 알려지자 자진 해산 즉, 서울역 회군을 결정한 것이다. '이쯤 했으면 신군부도 알아들었을 거야'라는 생각으로 결정한 순진한 선택이었다. 팽팽한 대치 가운데 대학생들이 캠퍼스로 돌아가자 신군부는 1980년 5월 17일, 전국으로 비상계엄을 확대한다.

사실 박정희 대통령 사망 이후, 제주도를 제외한 전국에 비상계엄은 내려져 있었다. 하지만 1980년 5월 17일, 전국으로 확대된 비상계엄은 그 의미가 남다르다. 제주도를 제외한 지역에 내려졌던 부분 계엄의 상태에서는 계엄 사령부가 국방부 장관의 통제를 받지만, 전국 계엄은 계엄 사령관이 전국의 모든 행정, 입법, 사법을 사실상 통제할 수 있기 때문이다.

문제는 당시 계엄 사령관이 전두환의 통제하에 있었다는 사실이다. 전국 계엄 선포 이후 신군부는 김대중, 김종필 등 주요 정치인을 연행했고, 학생 시위 주동자도 체포하기 시작했다. 유신 못지않은 겨울이 다시 시작되려 했다.

시위를 위해 서울역 앞에 군집한 학생들

민주주의를 요구했던 평범한 사람들의 고립된 희생

유신 못지않은 차가운 겨울바람이 가장 강하게 불어닥친 곳은 전라남도 광주였다. 전국의 모든 대학과 마찬가지로, 광주에서도 학생회 간부들이 끌려가기 시작했다. 하지만 서울을 비롯한 다른 지역의 학생 운동이 소강상태에 접어들었던 것과 달리, 5월 18일 광주의 대학생들은 끈덕지게 전남대와 광주역에서 시위를 이어나갔다. 광주가 신군부의 표적이 되는 순간이었다.

차가운 겨울의 바람이 가장 집중적으로 불어닥친 곳은 전라남도 광주였다. 전국의 모든 대학과 마찬가지로 광주에서는 학생회 간부들이 예비 검속(혐의자를 미리 잡아 놓는 일)으로 끌려가기 시작했다. 하지만 서울을 비롯한 다른 지역의 학생 운동이 소강상태에 접어든 것과 달리 5월 18일, 광주의 대학생들은 끈덕지게 시위를 이어 나갔다.

공수부대로 구성된 광주 지역의 계엄군은 시위 중이던 학생을 비롯한 시민들을 무차별적으로 폭행하고 탄압했다. 이튿날, 시민들은 계엄군의 폭력적 시위 진압에 저항하기 위해 거리로 나왔다. 거리 곳곳에서 계엄군과 시민들이 충돌했고, 시위는 걷잡을 수 없이 커졌다. 택시와 버스 운전기사들, 도시 빈민과 노동자들까지 시위에 합류했다.

계엄군의 시위 진압은 잔인했다. 금남로를 비롯한 광주 전역은 최루탄을 쏘는 계엄군과 시위대로 가득했고, 시민들은 이 과정에서 무자비하게 폭행당하거나 연행됐다. 하지만 광주 시민들은 계엄군의 폭력에 저항을 멈추지 않았다. 폭력이 거세질수록 시위대의 규모는 더욱 불어났고, 결국 5월 20일 계엄군은 시위 군중을 향해 집단 발포를 시작해 네 명이 사망하는 일이 발생한다. 이후 시민을 향해 군이 총을 쐈다는 사실에 분노한 광주는 21일 아침까지 시위를 계속했다.

5월 21일은 석가 탄신일이었다. 공휴일을 맞아 더 많은 광주 시민이 거리로 쏟아졌고, 계엄군은 광주로 통하는 시외전화를 끊고 군대를 증파했다. 오전 10시, 금남로에 모인 5만 명이 넘는 시민들은 계엄군과 대치했고, 전남도청 주변을 에워싸며 도로를 가득 메웠다.

그러던 오후 1시 정각, 도청 옥상의 스피커에서 애국가가 울려퍼진다. 시민들이 함께 애국가를 부르며 시위를 이어가던 그 순간, 수백 발의 총알이 시위대를 향해 날아들었다. 계엄군이 조준 사격을 한 것이다.

금남로는 그야말로 아수라장이었다. 무장되지 않았던 시민들은 계엄군의 총기 난사에 하염없이 쓰러졌다. 10여 분의 난사가 이어진 후에는 저격수들의 조준 사격이 시작됐다. 그날 죽은 광주 시민만

50여 명이 넘었고, 500명 이상이 부상당했다.

시위와 무력 진압 과정에서 다수 시민이 희생되자 광주 시민들은 스스로 무장하기 시작했다. 5월 22일, 잠시 퇴각했던 계엄군은 27일 새벽, 탱크와 중화기로 무장한 채 2만 5천여 명의 병력을 집결해 도청에서 저항하던 시민군을 학살했다. 이후 광주 전역을 돌며 광주 항쟁 관계자들을 모두 상무대로 연행했다. 광주 항쟁 관련 단체에 의하면 항쟁 희생자는 사망자 165명, 행방불명 65명, 부상을 당한 후 사망한 것으로 추정되는 사람만 376명이었다.

5.18 민주화 운동은 유신 체제에서 신군부로 이어지는 독재에 저항하고, 민주주의를 요구했던 평범한 사람들의 싸움이자, 광주라는 특정 지역에서 맞이한 고립된 희생이었다. 이 잔인하고 안타까운 희

5.18 민주화 운동 당시 버스에 올라탄 시민들과 대치하고 있는 계엄군

생은 1980년대 재야의 사회 운동 세력과 학생 운동 세력에게 마음의 빚이기도 했다. 신군부의 군사 독재에 저항하는 사람들을 '광주 세대'라고 부르는 것은 바로 이 때문이다.

결코 폭력으로만 통치할 수 없었던 대한민국

광주를 무력으로 진압한 신군부는 국가보위비상대책위원회를 구성하고, 새로운 정부 수립을 준비한다. 신군부는 언론사를 강제적으로 통폐합하고, 사회를 정화한다는 명분으로 삼청교육대라는 반인륜적인 조직을 만들어 시민 사회를 강력하게 통제한다.

이후 1980년 8월, 명목상 대통령이었던 최규하가 하야하자 통일주체국민회의에서 간선제로 전두환을 대통령으로 뽑는다. 이후 '정의 사회 구현'을 내세운 신군부는 마치 박정희 때와 마찬가지로 민주정의당을 창당하고, 국회를 장악한다. 이미 주요 정치 인사들은 1985년까지 정치 활동이 금지되었고, 야당이라 불리던 민주한국당과 한국국민당은 중앙정보부 후신인 안전기획부가 만든 관제 야당이었다.

하지만 다시 겨울을 맞기에 국민들의 눈높이는 상대적으로 높아져 있었다. 안 그래도 권력 장악의 정당성이 부족한 신군부였기에 억압을 통한 국가 운영에는 한계가 있을 수밖에 없었다. 신군부가 국정을 안정적으로 운영하기 위해서는 제한적 수준에서나마 유화적 조치가 필요했다. 쉽게 말해, 당근이 필요했다는 말이다.

1982년, 36년간의 야간 통행금지가 폐지됐고, 뒤이어 교복과 두발 자유화가 시행됐다. 그뿐 아니라 대중의 관심을 정치에서 문화 전반으로 돌리기 위해 영화 산업을 진흥했고, 스포츠 분야에서 각종 프로 리그가 만들어졌다. 거기에 더해 1986년 아시안 게임, 1988년 서울 올림픽 개최가 결정되면서 신군부는 정부 정책의 모든 초점을 축제 준비에 집중한다. 이와 더불어 1980년대 중반부터 시작된 이른바 3저 호황(저금리, 저유가, 저달러)에 힘입어 폭압적인 사회 분위기는 일부 이완되기도 했다.

광주를 핏빛으로 물들인 권력의 결말

그러나 권력의 정당성이 빈약했던 신군부가 스스로 열어놓은 빈틈은, 결국 신군부를 자멸의 길로 몰아갔다. 1985년 총선에서 국회에 재진입한 야당 정치인들은 재야의 운동권 세력과 힘을 모아 대통령 직선제 개헌을 주장했다. 특히 1988년 서울 올림픽을 앞두고 전 세계인 앞에서 폭력적이고 독선적인 국가 이미지를 보여줄 수 없다는 명분을 내세워 전 국민을 상대로 민주화의 열기를 북돋기 시작했고, 야당이던 신한민주당을 중심으로 1천만 개헌 서명 운동을 시작했다.

하지만 신군부는 개헌 논의를 막기 위해 민주화 운동 세력을 탄압했고, 고문과 불법 수사를 통해 근거 없는 각종 간첩 사건을 만들어냈다.

바로 이 과정에서 1987년 1월, 서울대생 박종철이 남영동 대공분실에서 고문과 폭행으로 사망하는 사건이 발생한다. 이를 계기로 민주화를 요구하는 시민들의 저항은 다시 타오르기 시작했다. 각종 유화적인 조치와 급격한 경제성장으로 사회가 안정되었다고 믿었던 신군부는 당황했고, 1987년 4월 시국 혼란을 구실로 모든 개헌 논의를 금지하는 조치, 이른바 4.13 호헌 조치를 단행한다. 곧 전두환의 뒤를 이어 노태우가 대통령 후보로 선출되었다.

전국은 다시 요동쳤다. 신군부의 도를 넘은 비민주적 처사에 그간 억눌려 있던 시민들의 불만이 터져 나왔다. 민주화를 향한 전 국민적 분위기를 읽은 민주화 운동 진영은 5월에 민주헌법쟁취국민운동본

박종철이 고문으로 사망한 남영동 대공분실

부를 발족하고, 6월 10일에 박종철 군 고문 살인 · 은폐 조작 규탄 및 민주 헌법 쟁취 범국민 대회를 전국 각지에서 개최할 것을 결의한다.

그런데 바로 대회 전날이었던 6월 9일, 연세대 앞에서 시위 중이던 이한열이 경찰의 최루탄에 맞아 피 흘리며 쓰러지는 사건이 벌어진다. 그리고 당시 사건 사진이 다음 날인 6월 10일에 언론을 통해 보도된다.

6월 10일, 전국의 거의 모든 지역에서 시위가 산발적으로 이루어졌고 이는 신군부가 감당할 수 없는 수준으로 확대됐다. 이후 야간 시위와 철야 농성이 이어지며, 민주주의를 향한 전 국민적 저항이 쉽게 가라앉지 않을 것이 분명해졌다.

부랴부랴 6월 24일에 전두환과 김영삼의 영수 회담(여당과 야당의 총재들의 회담)이 열릴 예정이었지만 결국 결렬됐고, 국민운동본부는 6월 26일 국민 평화 대행진을 강행한다. 전국 경찰서 2개와 파출소 29개 그리고 민주정의당 당사 4개소가 파괴됐고, 이를 진압하는 과정에서 3,467명이 연행됐다. 결국 전두환 정부는 직선제 개헌과 민주화 조치를 약속하는 6.29 선언을 발표하며 백기 투항한다.

광주를 핏빛으로 물들이고 장악했던 공허한 권력은 그렇게 7년 만에 무너졌다. 1987년 6월, 대통령 직선제 쟁취라는 목적으로 분연히 일어섰던 대한민국의 국민들은 1987년 10월 대통령 직선제와 함께 대통령의 권한을 통제하고, 국민의 기본권이 강화된 현행 헌법을 만들어낼 수 있었다. 대한민국에 찾아온 두 번째 봄은 꽃샘추위 속에서도 아직 진행형이다.

인구의 사분의 일이 이산가족인 나라

포괄적인 의미에서 이산가족이란 남북 분단을 포함한 식민지 경험, 전쟁 등의 역사적 과정에서 본의 아니게 서로 흩어져 만날 수 없게 되거나 소식을 모르는 가족 모두를 아우르는 말이다. 1983년의 이산가족 찾기는 바로 이런 역사적 문제를 해결하는 첫걸음이었다.

한국인들은 참 고생을 많이 한 사람들이다. 적어도 근대 이후 한반도 땅에서 살아온 이들은 그저 먹고살기 위해 애썼고, 잃어버린 나라 찾기 위해 고생했으며, 전쟁으로 고통받았고, 이념 때문에 죽을 고비를 넘겨야 했다. 이 갖은 고통 속에서 운 좋게 살아남은 사람들이 결국 우리다.

자의와 타의가 뒤섞인 아픔 속에서 살아남은 우리에게도 이제는 행복할 권리가 있지 않을까? 그 시작점이 된 사건이 바로 우리네 혈육을 찾게 해준 〈이산가족을 찾습니다〉라는 KBS의 방송 프로그램이다. 1983년 6월에 시작된 이 프로그램을 통해 총 453시간 45분의 방송 시간 동안 총 10만 952건의 이산가족 사연이 신청 접수되었으며, 그중 1만 180여 이산가족이 상봉했다. 전 세계에서 유례를 찾을 수 없는 사건이었다.

'이산가족이면 남북으로 찢어져 살던 사람들 아닌가?' 하는 의문이 생길 수도 있다. 남북 관계가 좋을 때, 가끔 판문점이나 호텔을 빌려 잠깐의 만남이 성사되는 이산가족 찾기 운동에 익숙한 우리는 남북 이산가족만을 이산가족이라 여기는 측면이 강하다. 그러나 포괄적인 의미에서 이산가족이란, 남북 분단을 포함한 식민지 경험, 전쟁 등 역사적 과정에서 본의 아니게 서로 흩어져 만날 수 없게 되거나 소식을 모르는 가족 모두를 아우르는 말이다. 1983년의 이산가족 찾기는 바로 이러한 역사적 문제를 해결하는 첫걸음이었다.

"비가 오나, 눈이 오나, 바람이 부나, 그리웠던 30년 세월"

이산가족의 출발은 식민지 시기부터였다고 해도 과언은 아니다. 강제 징용을 포함해 그 이전에도 구조적인 가난으로 인해 중국이나 하와이, 일본 등지로 떠나야 했던 이주자들이 있었다. 돈을 벌기 위해 어쩔 수 없이 또는 일본 제국주의에 의해 타지로 내몰린 이들이 마주해야 했던 생이별은 해방 이전까지 계속됐다. 고된 노동으로 받은 푼돈을 꼬박꼬박 고향에 있는 가족에게 송금하며 비뚤배뚤 끄적인 편지를 동봉한 것이 수십 년 세월이었다.

하지만 그들이 해방된 조국에 돌아왔을 때 마주친 현실은 참담했다. 조국이 분단되었기 때문이다. 갈라진 조국으로의 귀환을 선택하지 않은 이들도 있었고, 자신의 이념과 다른 고향으로 돌아가지 못한 채 남과 북 어딘가에 정착한 이들도 있었다. 분단된 조국은 3.8선 너머 가족의 생사마저 파악할 수 없게 만들었다.

1945년 해방 이후부터 1948년 남과 북의 정부 수립 이전까지 다시 거대한 이동이 시작됐다. 누군가는 3.8선 이남으로 내려왔고, 누군가는 북으로 갔다. 함께 살던 가족도 이념으로 나뉘어 서로 다른 조국을 선택하는 일이 있었다. 하지만 이때의 이별이 70년이나 이어질 것이라 상상하면서 헤어진 가족은 아무도 없었을 것이다.

설상가상으로 이후 펼쳐진 전쟁 상황, 즉 인민군의 남하, 인천 상륙 작전으로 인한 국군의 북진, 중공군의 참전이 가져온 1.4 후퇴와 흥남 철수 작전 그리고 현재 휴전선 인근으로 고착된 전선은 전 국민을 이산가족으로 만들기에 충분했다. 포탄과 총알을 피하는 과정에서 서로 맞잡았던 손을 놓치게 됐고, 그저 살아남기 위해 고향을 버려야 했던 거대한 피난 행렬은 가족들을 잔인하게 갈라놨다.

같은 남한 하늘 아래 있어도 만나지 못한 채, 그저 서로 가슴에 묻은 채 살아야 했던 세월이 어언 30여 년이었다(1980년대 기준). 헤어진 가족 간에 소식을 전할 방법은 많지 않았다. 전화기가 대중화된 것도 1980년대 이후고, 대중 매체라고 해봐야 라디오가 전부였다. 헤어진 가족의 이름만을 기억한 채 각자의 추억 속에서 그리워할 뿐이었다.

1980년대, 비공식 추산으로 이산가족은 1천만여 명을 넘어섰다. 당시 대한민국 인구가 4천여 만 명 수준이었으니 사실상 네 명 중 한 명, 즉 가족마다 이산가족이 존재했다는 의미다. 이산가족은 그저 눈물겨운 남의 이야기가 아니라 우리 모두의 아픔과 기억이었던 것이다.

기술의 발달이 떨어져 살던 가족을 잇다

이산가족을 찾기 위한 노력은 개인 차원 혹은 언론이나 라디오 방송을 통해 꾸준히 진행돼 왔다. 특히 1973년 10월부터 KBS 라디오 프로그램 〈오후의 교차로〉에서 이산가족 찾기 방송을 진행했는데, 기술적 한계로 인해 기대했던 효과를 보지 못했다.

이후 휴전 30주년을 맞은 1983년에 KBS가 한국 전쟁 특집 주간을 맞아 전쟁과 관련한 다양한 프로그램을 기획하기 시작했다. 그중 하나가 라디오 프로그램으로 진행됐던 이산가족 찾기를 TV 방송으로 진행해 보자는 기획이었다. 때마침 한국에 컬러 TV가 대중적으로 보급되기 시작한 시점이었다.

이 기획이 채택될 수 있었던 배경에는 1986년 아시안 게임과 1988년 서울 올림픽 개최라는 전 세계적인 스포츠 축제도 한몫했다. 정부 수립 이후 처음으로 개최하는 세계적인 스포츠 축제였던 만큼 경기 중계 준비에도 박차를 가하게 되었는데, 이때 KBS가 핵심적 역할을 하게 됐다. 전국적인 중계망을 신설했고, 그 결과 컬러 TV 방송을 전국적으로 시청할 수 있도록 만반의 준비를 한 것이다.

이러한 기술적인 뒷받침 속에서 북한에 있는 이산가족은 차치하고라도, 한국에 흩어져 사는 이산가족이나마 찾게 해주는 프로그램이 기획됐다. 거기에 더해 더 중요하게 거론되던 이산가족이 있었는데 바로 (북한을 제외한) 해외에 흩어져 살던 이산가족들이다. 전국뿐 아니라 해외에 있는 KBS 지국과 이원 생중계가 가능해지면서 화면으로 얼굴을 확인할 수 있게 되자, 이 기술을 이산가족 찾기에 활용할 수 있게 된 것이다.

1983년 6월 30일, 한국 전쟁 33주년이자 휴전 30주년을 기념하는 특별 생방송 〈이산가족을 찾습니다〉가 전국에서 전파를 타게 된다. 공개홀에는 미리 신청서를 제출한 이산가족 150여 명이 모여 있었다. 그런데 방송이 시작되자 이산가족들의 사연이 구구절절 전 국민의 마음을 움직이기 시작하면서부터 심상치 않은 분위기가 감지된다.

그야말로 전 국민적인 공감대를 형성하던 순간, 실제 이산가족이었던 이들이 서울과 지방 방송국의 각 화면을 통해 서로를 확인하는 눈물겨운 장면이 전국에 생중계된 것이다. 여기에 더해 이산가족 상봉에 실패한 신청자가 눈물을 흘리는 장면이 전파를 타자 감동에 안타까움마저 전해져 국민의 가슴을 울리기 시작했다. 상봉을 하든, 그렇지 못하든 상관없었다. 그 모든 사연은 한 편의 드라마였다.

1983년 여름을 달군 이산가족 찾기

방송의 반응은 엄청났다. 진행자들은 이미 선정된 150여 명의 신청자 외에 방청석에 앉아 있던 이산가족들의 사연까지 취재하기 시작했다. 방송을 위해 설치한 전화기는 쉬지 않고 울려댔고, 전화가 불통이 되자 KBS 전체 회선으로 전화가 울렸다.

전 국민의 사분의 일이 이산가족인 나라에서 어쩌면 이 난리는 예고된 것이었을지 모른다. 심지어 당시 진행자가 이산가족들을 찾아 주어야 한다는 간절함에 "빨리 KBS로 달려와 주시기 바랍니다"라는 말을 생방송 중에 했고, 이 말을 들은 각지의 이산가족들이 실제로 여의도 KBS 스튜디오로 찾아오기 시작한다.

KBS 앞마당에서 신상이 적힌 글을 내걸고 대기 중인 이산가족들

특집 생방송은 준비된 1시간 30분을 훌쩍 넘은 다음 날 새벽 2시 29분경까지 이어졌고, 총 스물아홉 가족이 만남에 성공한다. 방송이 사건이 되었음을 직감한 진행자는 "다음 주 중에 여기 나오신 다른 분들도 소개하는 시간을 갖겠다"라는 멘트로 방송을 종료했다. 방송이 단발성으로 그칠 수 없음을 방송국도 직감한 것이다.

그리고 약속대로 다음 날 7월 1일, 같은 시간에 다시 한번 이산가족 찾기 생방송이 진행됐다. 둘째 날도 마찬가지였다. 우리 집 안방에서 보는 눈물겨운 가족 상봉은 남의 일이 아닌 우리 가족의 일이었다. 시청률은 78%까지 치솟았고, 이산가족 찾기 특별 생방송은 5일간 이어진다. 그리고 5일간 상봉에 성공한 가족은 총 500여 명이었다.

1983년 7월의 첫 주에 벌어진 이 사건은 평범한 TV 프로그램이 아니었다. 하나의 문화 현상이었고, 사건이었으며, 축제였다. 이 축제로 인해 전국 각지와 세계 곳곳에 흩어져 살던 이산가족들은 각자의 사연을 가지고 여의도 광장으로 모여들었다.

이 슬픔과 기쁨의 열망을 무시할 수 없었던 KBS는 이후로도 특집 생방송을 이어갔고, 이는 무려 11월 14일까지 총 138일이나 이어진다. 이 정도면 특집이라는 말이 무색해질 정도의 시간이었다. 결국 138일 동안 10만여 건이 넘는 신청 중 5만여 명이 출연했고, 그중 총 10,189명의 이산가족이 상봉했다.

뜨거운 여의도의 아스팔트 위에서 여름을 보내야 했던 이들에게 8월 뙤약볕 따위는 아무것도 아니었다. 가족을 찾기 위한 기다림은 그리움 그 이상이었고, 모든 과정을 지켜본 국민들은 말로 표현하기 어려운 감동과 복받침을 느꼈다.

국민들의 자발적인 축제가 반공의 홍보 수단으로

한편 그간 이산가족이 서로를 만나지 못한 까닭은 명확했다. 나라가 무관심했기 때문이다. 이승만 정권에서 박정희 정권으로 이어지는 동안, 반공이라는 대의 아래 저마다 간직한 이별의 사정은 꺼내기 어려운 이야기였다.

그러던 어느 날, 전 국민적 현상을 지켜만 볼 수 없었던 5공화국 정권이 이 과정에 개입하기 시작한다. 안 그래도 폭력적인 통치로 분위기가 뒤숭숭한 마당에, 공영 방송이 깔아놓은 판이 매력적으로 보였던 것일까? 이 자발적 축제의 장을 제대로 이용하기만 한다면 남북 관계에서도 우위를 점할 수 있을 듯했다. 당시는 끝없는 체제 경쟁 속에서 인류애를 가장해 자기 체제의 우위를 과시하던 시기였기 때문이다.

아무튼 방송 4일 차 현장에 문공부 차관이 방문하면서 5공화국 정권은 이산가족 찾기 프로젝트에 적극적으로 개입한다. 이후 국무총리와 정부 관계자들이 드문드문 방문하면서, 이산가족 상봉 전담 상설 기구의 설치하겠다는 둥, 이산가족에게 무료 기차표를 제공하겠다는 등 선심성 발언을 이어간다. 5공화국 정권의 관심 덕분에 이산가족 찾기는 더욱 확산됐지만, 이 과정에서 국민들의 자발적인 프로젝트는 국가가 관리하는, 일종의 국가사업으로 변질된다.

반공적인 독재 정권 아래 소외당하고 무시당하던 이산가족들이 스스로 만들어낸 감동적인 만남의 축제는 이 비극을 만든 정권에 의해 반공의 홍보 수단으로 전락해 버린다.

이산가족 찾기 프로젝트는 특집 방송이 마무리됨과 동시에 자연스럽게 정권의 대북 정책 중 하나로 자리 잡는다. 우리가 기억하는 이산가족이 '남북 이산가족'이라는 프레임에 갇히게 된 것도 이산가족 프로젝트를 반공과 대북 정책의 일환으로 치환해 버렸기 때문이다. 스스로 쟁취했다고 믿은 행복의 출발선마저 빼앗기는 순간이었다.

한강의 기적이 무너진 1997년의 겨울

해방 이후 한국은 세계사에서 유례없는 경제성장을 달성했다. 누가 이 성장이 멈출 것이라 예상이나 했을까? 한국은 성장의 고속도로 한가운데서 급정거했다. 그간 경험해 보지 못한 실업률과 함께 뼈를 깎는 구조 조정이 이어졌고, 이를 견디지 못한 회사들은 줄도산했다. 사실상 국가 부도 상태였다.

"시험을 망쳤어. 집에 가기 싫었어. 열 받아서 오락실에 들어갔어. 어머 이게 누구야. 저 대머리 아저씨, 내가 제일 사랑하는 우리 아빠. (…) 오늘의 뉴스 대낮부터 오락실엔 이 시대의 아빠들이 많다는데, 혀끝을 쯧쯧 내차시는 엄마와 내 눈치를 살피는 우리 아빠…."

1998년 발매된 한스밴드의 '오락실'이라는 노래의 가사다. 얼핏 들으면 경쾌한 분위기의 음악이지만, 사실 매우 씁쓸한 현실을 담고 있다.

이 노래에서 말하는 "이 시대"란 'IMF 시대'를 의미하고, "우리 아빠"는 그 시대의 희생자였던 명예 퇴직자를 말한다. 즉, 경제가 폭삭

내려앉은 시대에 회사에서 잘린 가장의 하루를 풍자한 것이다.

아빠의 오락실행은 사실 특이한 일이 아니었다. 하루아침에 평생 직장이라 자부했던 일자리를 잃은 가장들은 막막함과 부끄러움을 감추기 위해 가족에게조차 그 사실을 알리지 못했다. 그만큼 급작스럽고, 상상할 수 없었던 현실이자 미래였고, 직장을 잃은 이들은 오락실로, 주변 등산로로 또 누군가는 서울역으로 향했다.

가장들이 느낀 당혹함만큼 국가도 당혹스러웠다. 한국은 해방 이후 세계적으로 유례없는 경제성장을 해왔다. 1953년 13억 달러로 시작한 국내총생산(GDP)은 1970년대 100억 달러를 돌파했고, 1995년에 5천억 달러를 넘어섰다. 1인당 실질 국민총소득은 1960년 1인당 1천 달러에서, IMF 외환 위기 직전에 1만 달러를 달성했다.

그렇게 한국은 식민지를 갓 벗어난 최빈국에서, 산업 시설이 대거 파괴되는 한국 전쟁을 거쳐, 1960년대 이후 한강의 기적을 이뤄냈고, 1980년대 중진국으로 도약해 선진국들이 가입한다는 OECD(경제협력기구)에 성공적으로 안착했다.

그런데 1997년, 한국은 IMF 외환 위기를 맞으며 국가 부도 사태를 겪는다. 누군들 한국이 성장을 멈출 것이라 예상이나 했을까? 아니, 예상했다고 한들 누가 그 이야기에 귀 기울였을까? IMF로 인해 우리 사회는 그간 경험해 보지 못한 실업률과 함께 뼈를 깎는 구조 조정을 감당해야 했고, 이를 견디지 못한 회사들은 줄도산했다.

그런데 흥미롭게도 우리는 채 30년도 지나지 않은 그날의 아픔을 유쾌하게 복기하고는 한다. 그날의 위기를 이제는 다 극복했다고 믿기 때문이다. 정말 그럴까? 대체 한국은 어떤 경제성장의 과정을 겪었고, 어떤 위기를 겪었으며, 이를 어떤 방식으로 해결했을까?

'한강의 기적'의 대가

한국 경제가 성장한다는 느낌을 받기 시작한 것은 군사 정권 때였다. 5.16 군사 쿠데타 이후 군사 정부가 추진한 경공업 중심의 수출 주도형 성장으로 인해 10년간 연평균 41%의 수출 신장을 기록하며 저개발국에서 개발도상국으로 진입한다. 그러나 1972년 무렵 제1차 석유 파동을 기점으로 경제 위기를 겪은 정부는 10월 유신을 통해 성장의 방향성을 바꾼다.

유신 정권은 시장 경제의 핵심인 사유 재산권 행사를 막았고, 일부 대기업에만 특혜를 제공했다. 1973년, 중화학 공업 중심의 계획을 발표한 정권은 기계, 조선, 전자, 화학, 철강 등 분야를 중점적으로 지원했고, 일부 대기업은 이때를 기점으로 '재벌'이라 불리는 집단으로 업그레이드된다.

강력한 국가 주도의 산업화는 '한강의 기적'이라는 경제성장의 신화를 만들었지만, 이 기적은 노동자들의 엄청난 희생을 담보한 것이었다. 유신 정권은 집회와 결사의 자유를 억압하며 노동권을 직접적으로 제약했고, 은행을 통제하며 일부 재벌 기업에 더 많은 정책 금융을 지원하기도 했다. 결국 1976년부터 1978년까지 경제성장률은 매년

10%를 넘어섰고, 수출 100억 달러, 국민 소득 1천 달러를 돌파한다.

1979년 제2차 석유 파동은 유신 정권을 몰락시켰지만, 다시 총과 탱크로 정권을 잡은 신군부에 새로운 천사가 찾아왔다. 바로 3저 호황이라는 천사였다. 석유 파동이 해결되면서 원유 가격은 배럴당 34달러에서 14달러까지 하락했고, 동시에 국제 금리도 7~8% 선에서 안정되었으며, 이를 바탕으로 재벌 기업은 다시 빚을 늘리며 투자를 이어갔다. 이와 함께 미국이 플라자 합의(1985년 9월 미국, 영국, 프랑스, 서독, 일본의 재무장관과 중앙은행장들이 뉴욕 플라자 호텔에 모여 달러화 약세를 유도하기로 한 합의. 달러 가치를 내리고 엔화 가치를 높인다는 내용이 골자로, 달러 강세로 무역 수지 적자에 허덕이던 미국이 일본을 압박하여 내놓은 합의)를 체결하며, 달러의 가치가 낮아진다.

한국은 이 시기 매년 10%를 뛰어넘는 경제성장률을 기록했다. 전무후무한 경기 호황이 찾아오자 일자리는 매년 50만 개 이상 늘어났고, 고용률은 61%에 근접했다. 청년 취업률은 치솟았고, 소득이 상승하자 가계 저축률이 높아졌다. 근로 소득만으로도 자산을 늘릴 수 있었고, 동시에 가계 부채는 낮아졌다. 부동산 시장이 과열됐지만, 빚내서 내 집 한 채 마련하기란 어려운 일이 아니었으며, 내 차 한 대를 살 수 있는 '마이카 시대'도 열렸다.

사실 이러한 경제성장이 가능했던 것은 수출 주도형 경제 개발 덕분이었다. 내수보다 수출을 통해 국가 경제를 발전시키는 구조였지만, 반면에 대외 무역 의존도가 높아 국제 경기가 조금만 불안해져도 경제 불안정성이 커지는 것이 당연했다. 제1차 석유 파동이 유신을 만들었고, 제2차 석유 파동이 유신을 끝장냈던 것도 이런 이유에서였다.

한편 경제성장이 '우리도 잘살게 됐다'라는 내부적 의미만을 뜻하는 것은 아니었다. 국제적으로는 '너희도 잘살게 되었으니 책임을 나누라'는 의미이기도 했다. 자연스럽게 한국 경제의 규모가 커지면서 미국을 비롯한 유럽 선진 자본주의 국가로부터 개방 압력이 시작됐다. 1990년대가 되자 OECD는 한국을 아시아의 '새로운 일본'으로 바라보았고, 선진국형 시장 개방과 경제 체질 개선을 요구했다.

국내에서도 관련 논의가 시작됐지만, OECD 가입은 국내 경제 개혁을 완수한 후 단계적으로 해야 한다는 신중론이 힘을 얻는다. 쉽게 말해 아직 선진국이라 부르기 민망하다는 뜻이었다. 하지만 1993년에 출범한 김영삼 정부는 (1995년에 환율을 조정해) 임기 내 1인당 국민소득 1만 달러 달성에 성공하자, 1996년 OECD 가입을 결정한다. 이는 국민들로 하여금 이제 우리도 선진국이 되었다는 착각에 휩싸이게 만들었다.

하루아침에 빚더미 삼류 국가로 전락하다

1987년 민주화 이행, 1986년 아시안 게임과 1988년 성공적인 올림픽 개최, 6.10 항쟁을 통한 직선제 쟁취 그리고 이 과정에서 탄생한 문민정부. 당시 한국 사회 분위기는 자유와 번영이라는 단꿈에 젖어 속이 썩어가는 구조적 위기를 제대로 바라보지 못했다. 경제구조 또한 외부의 위기에 취약한 수출 주도형 성장 모델이었다.

자신감이 넘치는 와중에 1993년 한국은 금융 기관에 예외적으로 외채, 즉 외국에서 돈을 빌릴 수 있도록 허용한다. 이후 국내 금융 기관들은 금리가 낮은 일본을 비롯한 선진국으로부터 대규모 자금을 끌어왔고, 이를 다시 국내 기업에 대출해 줬다. 대출받은 기업은 그 돈으로 공장을 늘렸고, 새로운 공장을 돌릴 기계 설비에 과감하게 투자했다. 재벌의 문어발식 사업 확장이 시작됐다.

그러던 어느 날, 태국을 비롯한 동남아시아에서 금융 위기가 터진다. 동남아시아에서 돈줄이 막히면서 달러가 부족해진 해외 자본은 한국에 빌려준 외화를 급히 회수한다. 하지만 이미 대출받은 달러를 원화로 바꿔서 기업에 대출해 준 금융 기관에는 갚을 달러가 없었다. 국내 금융 기관들은 이 문제를 어떻게든 해결하기 위해 원화를 주고 달러를 구했고, 환율은 급격히 상승했다.

이후 한국에 투자한 외국 금융 기관들은 주식을 팔아 달러로 환전해 한국 시장에서 빠져나가기 시작했다. 두 달 만에 한국의 외환 보유고는 305억 달러에서 204억 달러로 줄었지만, 외환 보유고의 5배가 넘는 1,700억 달러의 외채는 줄지 않았다. OECD 가입을 위해 경제를 개방했던 김영삼 정부는 그때서야 위기를 실감한다.

이 문제가 본격적으로 언론에 보도된 것은 1997년 1월, 한 기업의 부도 때문이었다. 바로 강남 부동산 불패 신화를 상징하는 은마아파트를 건설한 한보그룹의 부도였다. 한보그룹이 부도 나자 연쇄적으로 한보그룹에 대출해 준 은행의 부도로 이어졌고, 이는 IMF 사태의 서막을 열었다.

그러한 상황에서 재벌 기업은 책임을 국가에 전가했다. 어쩌면 그들이 성장해 온 과정 자체가 그랬다. 위기가 찾아오면 나라에서는 재벌에 막대한 금융 지원을 했고, 재벌에 포함되지 못한 부실기업을 알아서 정리해 주면서 외려 재벌의 사업 규모를 키워줬다. 1997년에도 재벌 기업들은 국가에 "이번에도 도와 달라"라며 애원했다.

하지만 상황이 달랐다. 그야말로 국가가 부도 직전이었기 때문이다. 이때 진로, 기아, 해태, 쌍용 등의 재벌 기업이 줄도산했다. 30대 대기업 중 17개가 순식간에 사라진 엄청난 사건이었다. 그중에서도 대우그룹의 부도는 엄청난 충격이었다. "세계는 넓고, 할 일은 많다"

朝鮮日報

IMF구제금융 공식 요청

林부총리, 어젯밤 긴급회견

200억달러 수준 될

이르면 내달중 지

1997년 11월 21일의 IMF 구제 금융 요청 발표 사실을 보도한 〈조선일보〉

라며 한국의 대표하는 재벌로 성장했던 창업주 김우중이 쌓아올린 신화도 결국 신기루였음이 드러난 것이다.

대우와 김우중뿐이었겠는가. 대한민국의 경제성장 신화가 무너져 내렸고, 순식간에 선진국은커녕 삼류 국가로 전락했다.

대한민국을 구조적으로 변화시킨 IMF 구제 금융

그 무렵, 127만 명이 일자리를 잃었고 실업자는 3배 가까이 증가했다. 1995년, 1,200선까지 도달했던 코스피 지수는 280까지 떨어졌다. 국가 부도 위기 속에 한국 정부는 IMF(국제 통화 기금)에 구제 금융을 요청했고, IMF는 그 대가로 강도 높은 신자유주의적 개혁을 요구했다. 한국은 거대한 구조적 변화를 받아들여야 했다.

나라 경제가 무너지자 흥미로운 현상들이 곳곳에서 벌어졌다. 기업으로 몰리던 취업 준비생들이 노량진으로 향했고, 대학에 갓 입학한 남학생들은 군에 입대했다. 서울역 부근에는 노숙자들이 발 디딜 틈 없이 몰려들어 시청 앞 지하도까지 가득했다. 갈 곳을 잃은 명예퇴직자들은 대낮에 오락실로, 산으로, 약수터로 향했다. 음식점들은 1천 원 이하 가격의 'IMF 메뉴'를 선보이며 견뎠고, '아나바다(아껴 쓰고, 나눠 쓰고, 바꿔 쓰고, 다시 쓰자)' 운동이 전국적으로 유행했다.

대기업의 줄도산으로 하청 업체였던 중소기업들 또한 당해낼 재간이 없었다. 영세 업체를 운영하던 이들은 잠적하거나 야반도주를 하기도 했다. 늘어나는 빚을 감당하지 못하고 일가족이 자살하거나, 보험금을 노린 각종 신종 범죄도 성행했다. 지역 공동체는 물론 전통적 가족이 극단적인 형태로 해체되기 시작했으며, 중년 남성들의 실업률이 치솟자 반대로 전업주부였던 여성들이 취업 시장에 본격적으로 유입됐다.

조국이 망할지도 모른다는 소문이 돌자 미국을 비롯한 해외한인회에서는 달러를 모아 모국으로 송금하자는 움직임이 일었고, 국내에서도 금 모으기 운동을 벌이며 IMF에 빌린 돈을 갚자는 자발적인 운동이 벌어졌다.

돌이켜보면 참으로 우스운 일이었다. 국가의 책임으로 벌어진 일

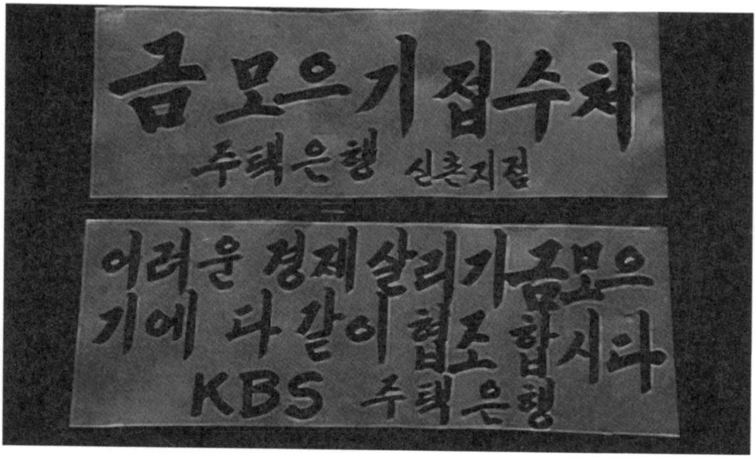

KBS의 캠페인 방송으로 시작된 1998년 금 모으기 운동

을 국민들이 나서서 해결해 보겠다니 말이다. 어쨌든 한국인들은 또 다시 살기 위해 필사적으로 노력했다.

외환 위기로부터 4년이 채 안 된 시점이던 2001년, 결국 IMF에 모든 돈을 갚으며 위기는 공식적으로 끝이 났다. 그럼 IMF 이후 한국의 경제성장 모델은 새롭게 탈바꿈했을까? 그리고 현재 세계 경제 규모 순위 12위에 해당하는 대한민국과 1조 6천억이 넘는 무역 흑자, 3만 5천 달러를 넘어선 1인당 실질 국민 총소득은 외환 위기를 극복하고 이뤄낸 자랑스러운 결과물일까? 일면 맞는 말이기는 하다. 뼈를 깎는 고통을 통해 만들어낸 새로운 성과이니 말이다.

IMF 이후, 대한민국은 지금?

현재 대한민국은 OECD 36개 회원국 중 중 여섯 번째로 소득 격차가 심하다 . 상위 1%가 총 90만 6천 채의 부동산을 소유하고 있고, 그들은 다시 1인당 평균 6.5채의 집을 가지고 있다. 지역 간의 격차는 어떨까? 수도권과 지역의 격차는 점점 벌어지고 있고, 수도권 내에서도 서울과 비서울, 서울 내에서도 강남과 강북의 차이는 명확하고 더욱 뚜렷해지는 추세다.

이를 반영한 출산율 통계는 더욱 충격적이다. 저소득층(하위 10%)의 분만 비중은 가파르게 감소하고 있고, 고소득층(상위 10%)의 분만은 증가했다. '초저출산 시대'라고 명명한 현실은 사실 계층에 따라 다른 것이다.

돌아보면 한국 사회가 성장을 위해 선택한 방향성을 변화시킬 단 한 번의 기회가 바로 IMF 사태가 아니었을까 싶다. 지금까지 한국 경제가 나아갔던 방향을 수정할 위기이자, 큰 기회 말이다.

그러나 뼈를 깎는 고통 속에서도 한국이 그간 성장해 온 근원적인 개발의 방향성은 바뀌지 않았다. 여전히 특정 재벌이 수출 주도의 산업을 선도하고, 외국 자본을 통해 경제가 굴러간다. 그저 바뀐 것이라고는 종신 고용 개념이 사라지고, 비정규직 노동자가 그 자리를 메웠다는 점일 뿐이다. 덕분에 고용 불안과 근로 소득 감소로 가계 부채는 급등했고, 이윤율이 높은 부동산에 자금이 몰리며 부동산 가격이 폭등하자 집을 사기 위해 부채를 늘리는 악순환이 되풀이되기 시작했다.

이 현실이 지금 우리가 누리고 있다고 믿는 번영의 민낯이다. 한국이 경제성장과 위기를 반복하면서 스스로 깨달은 것은 무엇일까? 어쩌면 여전히 위기 속에서 살아가고 있는 것은 아닐까?

돌아보면 한국은 위기에 처하지 않았던 적이 없다. 냉전이라는 시대적 한계 속에서, 군사 정권의 억압 속에서 한국인은 위기를 일상화해야만 했다. 그 가운데서 우리가 스스로 얻은 성과들을 복기해 보자. 100년 정도의 짧은 시간 동안 겪어야 했던 수많은 위기 위에 쌓은 놀라운 결과들, 이를테면 해방, 민주화 그리고 절대적 가난으로부터 탈출 같은 것들 말이다.

이제 우리 시대의 현대사는 지금껏 우리를 구속한 냉전이라는 그늘을 벗어던지고, 경제적 불균등이라는 번영의 어두운 그림자를 해결하는 과정이 되어야 하지 않을까? 그렇게 우리는 지금껏 한걸음씩 뚜벅뚜벅 나아가 왔으니 말이다.

에필로그

지금 다시,
새로운 역사를 써 내려가기 위해

100여 년간의 한국 근현대사는 유독 다사다난했다. 그렇기에 한국의 근현대사를 한 문장으로 정리하라고 한다면 '다이내믹했다' 같은 다소 추상적인 답변을 내놓을 수밖에 없을 것이다.

한때는 우리의 근현대사를 '식민 청산' 또는 '통일'이라는 화두로 해석하기도 했다. 여전히 사회 곳곳에는 식민 지배의 유산들이 잔존하고, 냉전의 그늘이 짙게 깔려 있기 때문이다. 그러나 지금의 우리는 이 두 화두에만 갇혀 있을 필요가 없을 듯하다.

한국인들은 이 책의 마지막 주제인 IMF 외환 위기를 극복하는 과정에서 다시 위대한 역사를 스스로 써 내려갔다. 그리고 이제 막 IMF 외환 위기가 시작되던 바로 그해(1997년 12월), 대한민국은 헌정 사상 처음으로 선거에 의한 평화적인 정권 교체를 이루어냈다. 1961년 이후 36년 만에, 만년 야당이 국민의 선택으로 권력을 잡게 된 것이다. 지금의 위기를 만든 기성 권력 집단을 대신해 대한민국을 새로운 방향으로 이끌어달라는 염원이었다.

새로운 정당성으로 대한민국을 이끌게 된 김대중 정부는 해방 이후 한국 사회를 강하게 옥죄던 거대한 구조에 변화구를 던진다. 바로 '평화'라는 새로운 화두를 통해서였다. 불과 40여 년 전, 대선 공약으로 '평화'를 이야기했다는 이유로 사형 선고를 받았던 조봉암을 떠올리면 괄목할 만한 변화였다. 김대중 정부가 들어서고 2년 남짓 흘렀을 무렵, 남과 북의 지도자는 평양에서 직접 만나 서로를 부둥켜안았다. 냉전으로 얼어붙었던 지난 45년간의 기나긴 겨울이 봄을 맞이하는 것만 같았다.

물론 당시 정부가 추구했던 '평화'는 남북 간의 평화만을 의미하지 않았다. 동북아의 세 나라 사이에 얼룩졌던 과거사를 정리하는 의미의, 동아시아 평화 체제 구축도 포함했다. 한일 정상 간의 대화를 통해 과거사에 대한 일본의 공식적인 사과를 문서화하는 것과 동시에 막혀 있던 상호 간의 문화 교류가 시작된 것도 이때부터였다. 또 동시에 한중 간의 경제적 교류가 본격화된 것도 이 시기다.

냉전의 그늘이 조금씩 걷히고 2002년 한국과 일본의 월드컵 공동 개최로 동북아 세 나라 그리고 남북 간에 평화가 찾아오는 듯했다. 곧 김대중 정부의 정책 노선은 다시 노무현 정부로 이어졌고, 경제성장과 더불어 민주주의에 대한 이해도도 더욱 깊어졌다.

그러나 여전히 부침과 위기가 있었다. 북한은 핵실험을 꾸역꾸역 이어갔고, 종종 실질적인 무력시위로 긴장감을 조성했다. 일본은 '우리가 언제 과거사를 사과했느냐'는 듯 군국주의 시절의 잔재를 내보였으며, 중국은 한국을 마치 전근대 시절의 속국 취급을 하며 역사를 왜곡하고 불공평한 관계 맺기를 시도했다. 냉전 시대의 국제관계가 재현되는 듯 보이자 한국도 다시 내부 갈등을 겪기 시작했다.

이 과정에서 노무현 정부가 급격히 무너지면서 보수 세력인 이명박 정부로 교체됐고, 이후 다시 박근혜 정부로 이어졌다. 2016년 말에 불거진 국정 농단 사태로 박근혜 대통령이 탄핵당하고 다시 김대중 · 노무현 정부를 잇는 문재인 정부가 들어서기는 했지만, 한국을 둘러싼 수많은 난제는 다 해결된 것 같지 않다. 남북 관계는 여전히 얼어붙어 있고, 동북아 3국은 계속해서 조금씩 멀어져 가고 있다. 북한의 도발은 계속되고 있고, 일본은 과거사를 인정하지 않고 있으며, 중국의 으름장 또한 여전하다.

역사를 배우는 이유는 바로 여기에 있다. 우리는 이미 거대한 권력의 이동을 여러 번 경험했다. 그것도 국민이 직접 만들어낸 권력 교체였다. 그리고 교체된 권력을 통해 가고자 했던 방향성의 한계도 확인했다. 식민 청산과 통일이라는 화두로는 새로운 세상을 만들 수 없다는 한계 말이다.

이제는 새로운 패러다임이 필요한 순간이 아닐까? 물론 새로운 화두를 꺼내기 위해, 돌아보는 것만으로는 부족할지 모른다. 그러나 그간 우리가 경험해야 했던 과거를 제대로 이해하고, 해석할 때 우리는 한 발 더 성장할 수 있을 것이다. 이 책의 역할은 거기까지다.

참고자료

1. 참고 도서

- 고려대학교 한국사연구소,《한국사: 선사시대부터 현대사까지 한 권으로 읽는 한국사》, 새문사, 2017
- 고려대학교 한국사연구실,《한국사의 재조명》, 고려대학교출판부, 2002
- 김득중,《'빨갱이'의 탄생》, 선인, 2009
- 노영기,《그들의 5 · 18》, 푸른역사, 2020
- 만인만색연구자네트워크 미디어팀,《만인만색 역사공작단》, 서해문집, 2021
- 만인만색연구자네트워크,《한뼘 한국사》, 푸른역사, 2018
- 민주화운동기념사업회 연구소,《한국민주화운동사 1》, 돌베개, 2008
- 박태균,《원형과 변용》, 서울대학교출판부, 2007
- 배경식,《기노시타 쇼조, 천황에게 폭탄을 던지다》, 너머북스, 2008
- 윤인석 외,《쉽게 읽는 서울사: 현대편 2》, 서울역사편찬원, 2021
- 윤충로,《베트남전쟁의 한국 사회사 》, 푸른역사, 2015
- 한국사연구회,《새로운 한국사 길잡이 上》, 지식산업사, 2008
- 한국사연구회,《새로운 한국사 길잡이 下》, 지식산업사, 2008

2. 참고 논문

- 강인화, 〈한국사회의 베트남전쟁 기억과 참전군인의 기억투쟁〉,《사회와 역사》, 97, 2013
- 강진아, 〈조선총독부의 화교 노동자 입국 관리와 중국 언론〉,《중국근현대사연구》, 59, 2013
- 김도형, 〈윤봉길의 사상과 독립운동 방략〉,《한국학논총》, 49, 2018
- 김무용, 〈여순사건 진압을 위한 대항 게릴라 작전과 민간인 희생화 전략〉,《역사연구》, 31, 2016
- 김민주, 〈정권별 남북이산가족 교류의 유형 탐색〉,《인문사회과학연구》, 19-3, 2018
- 김상기, 〈尹奉吉의 上海義擧에 대한 日本 언론의 보도〉, 한국독립운동사연구, 32, 2009
- 김영수, 〈을미사변, 그 하루의 기록 —대원군의 침묵과 명성황후암살의 배후—〉,《이화사학연구》,

39, 2009

- 김영의, 〈재일동포사회의 협력과 갈등연구: 민단 총련의 관계를 중심으로〉, 고려대학교 대학원 북한학과 석사학위 논문, 2011
- 김원수, 〈한반도 전쟁과 대한제국의 헤이그 특사파견〉, 《역사교육연구》, 21, 2015
- 김윤희, 〈갑신정변 전후 '개화' 개념의 내포와 표상〉, 《개념과 소통》, 2, 2008
- 김인덕, 〈관동대지진 조선인학살과 일본 내 운동세력의 동향〉, 《동북아역사논총》, 49, 2015
- 김재원, 〈1960년대 후반 서울시 주택정책과 '중산층' 문제 인식〉, 《한국사연구》, 175, 2016
- 김종학, 〈조일수호조규는 포함외교의 산물이었는가?〉, 《역사비평》, 114, 2016
- 김창수, 권영태, 〈IMF의 거시경제적 정책개입과 아시아 개도국의 경제위기〉, 《국제지역문제연구》, 19-1, 2001
- 김학재, 〈한국전쟁 전후 민간인학살과 20세기의 내전〉, 《아세아연구》, 53-4, 2010
- 김현숙, 〈문명담론과 독립협회의 정치체제, 그리고 러젠드르의 전제론〉, 《한국사학보》, 66, 2017
- 김흥수, 〈운요호사건과 이토 히로부미〉, 《한일관계사연구》, 33, 2009
- 노영기, 〈여순사건 이후 한국군의 변화와 '정치화'〉, 《사총》, 100, 2020
- 문동규, 〈기억과 망각 사이에서: 폭력과 죽음으로서의 여순사건〉 《감성연구》, 21, 2020
- 박선영, 〈김옥균의 '메이지 유신' 이해에 관한 소고〉, 《인문사회 21》, 13-5, 2022
- 박성순, 〈1914년도 신흥무관학교의 독립운동과 인적 연계망〉, 《백산학보》, 112, 2018
- 박준성, 〈1987년 6월항쟁은 무엇이었나?〉, 《내일을 여는 역사》, 63, 2016
- 박태균, 〈한국전쟁, 그리고 베트남 전쟁의 기억과 참전의 악순환〉, 《국제지역연구》, 20-2, 2011
- 박한민, 〈조일수호조규 관철을 위한 일본의 정찰활동과 조선의 대응〉, 《역사학보》, 217, 2013
- 박한솔, 〈반민특위와 민족주의: 제헌국회 회의록을 중심으로〉, 서울대학교 대학원 정치외교학부 석사학위 논문, 2020
- 서동일, 〈유림의 만주 이주와 신흥무관학교 설립〉, 《숭실사학》, 45, 2020
- 선휘성, 〈여순사건의 발생 배경과 피해 실태에 대한 인식 -증언과 구술자료를 중심으로-〉, 《인문학술》, 5, 2020
- 성주현, 〈관동대지진 직후 재일조선인정책〉, 《동북아시아문화학회 국제학술대회 발표자료집》, 2015-11, 2015
- 성주현, 〈식민지 조선에서 관동대지진의 기억과 전승〉, 《동북아역사논총》, 48, 2015
- 신주백, 〈봉오동전투, 청산리전투 다시 보기〉, 《역사비평》, 127, 2019
- 양진아, 〈유길준의 일본 망명과 귀국 과정〉, 《한일관계사연구》, 72, 2021
- 유동궁, 〈권력투쟁의 관점에서 바라본 북한 정치와 숙청 -권력투쟁 배경 및 유형의 지속과 변화를 중심으로-〉, 《군사》, 104, 2017
- 유바다, 〈1882년 조약 · 장정의 체결과 속국(屬國) · 반주지국(半主之國) 조선의 국제법적 지위〉,

《역사와 현실》, 99, 2016

- 유바다, 〈갑신정변(甲申政變) 전후(前後) 청(淸) · 일(日)의 조선보호론(朝鮮保護論) 제기와 천진조약(天津條約)의 체결〉, 《역사학연구》, 66, 2017
- 유바다, 〈임오군란 이후 조선의 국제법적 지위에 대한 일본의 인식〉, 《일본역사연구》, 46, 2017
- 유지아, 〈한국과 일본에서의 한일회담 반대운동의 전개과정과 역사적 의의〉, 《한일관계사연구》, 53, 2016
- 윤대식, 〈독립협회에 대한 유교 관료와 지식인들의 인식: 상소문(上疏文)을 중심으로〉, 《사회이론》, 50, 2016
- 윤병석, 〈윤봉길의사의 상해의거와 가나자와 순국〉, 매헌윤봉길의사 순국 77주년 추념 학술심포지움, 2009
- 윤철기, 〈북한지배체제의 성격과 해석: 계획과 '사회적 종합'을 중심으로(1953~69년)〉, 성균관대학교 대학원 정치외교학과 박사학위 논문, 2009
- 윤충로, 〈베트남전쟁 시기 한·미·월 관계에서 한국의 '정체성 만들기' -식민지적 무의식과 식민주의를 향한 열망 사이에서-〉, 《담론 201》, 9-4, 2007
- 이동진, 〈한국전쟁과 제노사이드〉, 《사회과학담론과 정책》, 5-1, 2012
- 이명화, 〈헤이그특사가 국외 독립운동에 미친 영향〉, 《한국독립운동사연구》, 29, 2007
- 이민원, 〈광무황제와 헤이그특사: 고종의 헤이그특사 파견 논리와 구상을 중심으로〉, 《한국독립운동사연구》, 29, 2007
- 이상경, 〈1931년의 '배화(排華)사건'과 민족주의 담론〉, 《만주연구》, 11, 2011
- 이상록, 〈경제제일주의의 사회적 구성과 '생산적 주체' 만들기- 4 · 19~5 · 16 시기 혁명의 전유를 둘러싼 경합과 전략들〉, 《역사문제연구》, 15-1, 2011
- 이승희, 〈근대 이후 일본의 배외주의와 재일조선인〉, 《일본학》, 43, 2016
- 이영훈, 〈한국전쟁과 북한의 전후경제복구 및 건설: 체제경쟁에 따른 고도성장의 빛과 그림자〉, 《통일문제연구》, 12-1, 2000
- 이은상, 〈식민지 조선 평양화교의 실태-배화폭동 이전을 중심으로〉, 《동양학》, 87, 2022
- 이은상, 〈원산화교와 배화폭동(排華暴動)〉, 《중국근현대사연구》, 72, 2016
- 이종호, 〈청 · 일전쟁의 開戰원인과 청과 일본의 군사전략 비교연구〉, 《한국동북아논총》, 20-4, 2015
- 이종호, 〈청과 일본의 동아시아 패권전쟁 연구〉, 《한국동북아논총》, 16-1, 2011
- 이주철, 〈1950년대 조선로동당의 하부조직 재편〉, 《한국사학보》, 23, 2006
- 이지연, 〈한국전쟁과 남한의 국민 형성: 전쟁 경험을 통한 국민정체성 형성 과정〉, 연세대학교 대학원 사회학과 석사학위 논문, 2006
- 임송자, 〈여순사건 연구의 현황과 쟁점, 그리고 과제〉, 《남도문화연구》, 42, 2021
- 임송자, 〈여순사건과 순천지역 좌 · 우익 세력의 동향〉, 《역사학연구》, 73, 2019

• 임영언, 김일태, 〈재일동포정책의 회고와 전망 고찰〉,《민족연구》, 72, 2018

• 임영언, 명동호, 〈재일동포 모국귀환 고찰: 해방 전후 모국귀환과 북송귀환을 중심으로〉,《인문사회과학연구》, 22-1, 2021

• 장세윤, 〈1920년 봉오동전투와 청산리독립전쟁의 주요 쟁점 검토〉,《재외한인연구》, 54, 2021

• 정병욱, 〈1931년 식민지 조선 반중국인 폭동의 학살 현장 검토〉,《사총》, 97, 2019

• 정병욱, 〈식민지 조선의 반중국인 폭동과 도시 하층민〉,《역사와 담론》, 73, 2015

• 정병욱, 〈신설리 패, 중국인 숙소에 불을 지르다 -1931년 반중국인 폭동에 대한 재해석〉,《역사비평》, 101, 2012

• 정주아, 〈광장의 정동과 남한의 전쟁난민들- KBS 특별생방송 이산가족을 찾습니다(1983)를 중심으로〉,《사이》, 29, 2020

• 정현우, 〈베트남전쟁 초기(1964~1968), 한국사회의 베트남전쟁 및 국군 파병에 대한 인식: 파월(派越) 병사와 기술자를 중심으로〉, 건국대학교 대학원 사학과 석사학위 논문, 2018

조건, 〈일제 말기 한인 학병들의 중국지역 일본군 부대 탈출과 항일 투쟁〉,《한국독립운동사연구》 56, 2016

• 조경희, 〈관동대지진 전후 제국일본의 조선인 대책과 사회사업 사상 - '내선융화' 사업을 중심으로〉,《대구사학》, 128, 2017

• 조명래, 〈8 · 10 성남 대단지 사건의 재해석과 성남 도시정체성의 모색〉,《공간과 사회》, 21-4, 2011

• 조영일, 〈한일회담의 체결 과정과 문제점〉, 세종대학교 정책과학대학원 국제지역학과 석사학위 논문, 2015

• 조우찬, 〈김두봉의 해방 후 정치활동의 특징과 숙청의 배경〉,《한국근현대사연구》, 88, 2019

• 지충남, 〈재일한인 사회의 제1~3 통일운동 비교〉,《Oughtopia》, 32-1, 2017

• 채백, 〈반민특위에 대한 〈동아일보〉와 〈조선일보〉의 보도 태도〉,《한국언론정보학보》, 88, 2018

• 최병도, 〈萬寶山 사건 직후 華僑排斥事件에 대한 日帝의 대응〉,《한국사연구》, 156, 2012

• 최시범, 〈한국전쟁 초 북한 국가권력의 점령지역 내 정치범 규정과 학살〉, 성균관대학교 대학원 사학과 석사학위 논문, 2017

• 최종숙, 〈1980년대 개헌운동과 6.10민주항쟁〉,《한국민주주의연구소 연구보고서》, 2016-2, 2016

• 최철영, 〈러일전쟁과 일본의 대한제국 영토주권침탈〉,《독도연구》, 18, 2015

• 최희식, 〈한일협정 연구-회고와 전망〉,《동북아역사논총》, 53, 2016

• 하원호, 〈한말의 새로운 정치세력과 독립협회〉,《내일을 여는 역사》, 14, 2003

• 학리리, 〈청일전쟁과 중국 · 한국 · 일본 국제질서 관계〉, 한서대학교 대학원 글로벌국제관계학과 한국학전공 석사학위 논문, 2017

• 한성민, 〈1907년 체제 성립과정에서 일본의 한국정책과 한국사회의 대응〉,《일본역사연구》, 49, 2019

• 한승훈, 〈19세기 후반 불평등조약체제의 성립 과정〉, 《내일을 여는 역사》, 25, 2006

• 한시준, 〈신흥무관학교와 한국독립운동〉, 《한국독립운동사연구》, 40, 2011

• 한인섭, 〈반민족행위자의 처벌과 김병로 -반민특위 특별재판부장의 역할을 중심으로-〉, 《서울대학교 법학》, 57-2, 2016

• 허민석, 〈1980년대 텔레비주얼 쇼크와 공동체 감각의 변화: KBS 이산가족찾기(1983)에 대한 재현을 중심으로〉, 《민족문학사연구》, 74, 2020

• 허종, 〈해방 후 이광수의 '친일문제' 인식과 반민특위 처리과정〉, 《대구사학》, 119, 2015

• 홍원표, 〈독립협회의 국가건설사상: 서재필과 윤치호〉, 《국제정치논총》, 43-4, 2003

• 황경숙, 〈IMF 사태와 한국사회변화〉, 《시민교육연구》, 30-1, 1999

• 황병주, 〈1970년대 유신체제의 안보국가 담론〉, 《역사문제연구》, 16-1, 2012

• 황병주, 〈혁명과 쿠데타: 4.19와 5.16을 전후한 시기 주요 정치세력들의 동향과 이념적 지향〉, 《기억과 전망》, 14, 2006

• 황현주, 〈독립협회 활동과 '대한 인민(大韓 人民)'의 형성: 『독립신문』의 논설과 독립협회의 토론회를 중심으로〉, 계명대학교 대학원 역사 · 고고학과 석사학위 논문, 2020

• Bigun Anna, 〈한말(1896~1906 년) 러시아의 대조선정책: 러시아 위협론과 공러의식에 대한 재검토를 중심으로〉, 성균관대학교 대학원 동아시아학과 석사학위 논문, 2022

• Yu, Yanting, 〈1880년대 조선에 파견된 청 관료의 조선 인식: 속국 개념의 변화를 중심으로〉, 연세대학교 대학원 사학과 석사학위 논문, 2019

3. 본문에 사용된 이미지 출처

• 조미수호통상조약 당시 그림 ⓒ국사편찬위원회(우리역사넷)

• 만민공동회 민중대회 기록화 ⓒ독립기념관

• 청산리 전투를 이끈 북로군정서 ⓒ백야김좌진장군기념사업회

• 일본 탄광 징용 피해자 조선인들 ⓒ해외교포문제연구소

• 4.3 당시 군과 경찰에 끌려간 주민들 ⓒ미 국립문서기록관리청

• 반민특위 본부 전경 ⓒ민족문제연구소

• 재일본조선거류민단 창립 1주년 기념 대회 및 개천절 기념식 ⓒ재일본대한민국민단

• 한일 회담 반대 시위 ⓒ한국정책방송원

• 와우 아파트 붕괴 현장 ⓒ서울특별시 소방재난본부

• 반포주공아파트 전경 ⓒ서울역사아카이브

• 광주 대단지 전경 ⓒ성남시

• 1980년 5월 17일 자 〈조선일보〉에 실린 비상계엄의 전국 확대 ⓒ전남대학교 5.18 연구소

• 시위를 위해 서울역 앞에 군집한 학생들 ⓒ민주화운동기념사업회 오픈아카이브즈

• KBS 앞마당에서 신상이 적힌 글을 내걸고 대기 중인 이산가족들 ⓒ대한민국역사박물관

머리에 새기고 마음에 남기는
울게 되는 한국사 근현대편

초판 1쇄 발행 2023년 7월 12일
초판 6쇄 발행 2023년 8월 1일

지은이 김재원
펴낸이 이경희

펴낸곳 빅피시
출판등록 2021년 4월 6일 제2021-000115호
주소 서울시 마포구 월드컵북로 402, KGIT 16층 1601-1호

ISBN 979-11-93128-00-8 04910
979-11-91825-68-8(세트)